Kaufleute für Groß- und Außenhandelsmanagement

Beschaffung

Prüfungsvorbereitung kurz und knapp

Verkauf

CHECK iT...

Marketing

Distribution

Arbeitsorganisation

Heinrich Johannes Kehnen

Wirtschafts- und Sozialkunde

unterwegs • nachts • beim Chillen

Kaufmännische Steuerung

u-form Best.-Nr. 2602

Deine Meinung ist uns wichtig

Du hast Fragen, Anregungen oder Kritik zu diesem Produkt?
Das u-form Team und der Autor stehen dir gerne Rede und Antwort.

Einfach eine kurze E-Mail an
kehnen@kehnen.de
oder
feedback@u-form.de

Hinweis

Sollte es für diese Auflage Korrekturen geben, kannst du diese herunterladen unter

www.u-form.de/addons/2602-2025.pdf

Ist der Link nicht verfügbar, so sind keine Änderungen eingestellt!

9. Auflage 2025 · Bestell-Nr. 2602 · ISBN 978-3-95532-602-9

Titelblatt, Zeichnungen, Grafiken und Layout:
Barbara Kehnen Daten
www.kehnen.de

Lektorat: Manuela Chrostek

u-form Verlag, Hermann Ullrich GmbH & Co. KG
Cronenberger Straße 58 · 42651 Solingen
Telefon 0212 22207-0 · Telefax 0212 22207-63
Internet: www.u-form.de · E-Mail: uform@u-form.de

Inhalt

Warensortiment/Einkauf

Verkauf

Marketing

Distribution/Arbeitsorganisation

Wirtschafts- und Sozialkunde

Kaufmännische Steuerung

Stichworte nach Alphabet

Das sollten Sie schon wissen...

Die IHK-Prüfungen im Großhandel waren schon immer ein Hammer. Die Aufgaben werden bundesweit erstellt und am gleichen Tag zur gleichen Stunde von den Prüflingen geschrieben. Also war es sinnvoll, diese Aufgaben durchzugehen und auf Häufigkeiten zu überprüfen. Das Ergebnis liegt in diesem Miniaturbuch vor. Es wurde das wahrscheinlich dünnste Buch zur Vorbereitung - alles Prüfungsrelevante, aber befreit von allen Randthemen. Ich habe dieses System als Lehrer selbst erprobt. Über 30 Jahre Prüfungserfahrung, meist in zwei Kommissionen, Industrieklassen von 14 bis 40 Schülern, kein einziger Schüler durchgefallen, Gesamt-Einser immer im zweistelligen Prozentbereich (bis 33%!). Dann muss was dran sein an der Konzentration auf das Wesentliche. Aber, auch das muss ehrlicherweise gesagt werden, damit kann man nicht einfach eine Eins erreichen. Dazu gehören noch andere Dinge:

1. Im letzten halben Jahr vor der Prüfung müssen Sie ALLE alten Prüfungsaufgaben durcharbeiten. Original-Prüfungen können Sie im u-form Shop kaufen: www.u-form.de
2. Arbeiten Sie regelmäßig, also täglich! Auch samstags oder sonntags. Jeden Tag EINE HALBE Stunde Vorbereitung auf die Prüfung. Nur mit Aufgaben aus alten Prüfungen!
3. Bilden Sie Mini-Gruppen von zwei bis drei Leuten und treffen Sie sich zur Prüfungsvorbereitung mindestens einmal die Woche.
4. Nachdem Sie so Ihr Langzeitgedächtnis geschult haben, gehen Sie mit brachialer Gewalt an die letzten sechs Wochen. Kündigen Sie Ihren Freunden oder Freundinnen an, dass Sie sechs Wochen in Klausur sind. Arbeiten Sie MINDESTENS EINE Stunde pro Tag neben allen anderen zu erledigenden Aufgaben. Ihre Freunde werden Sie für verrückt erklären - aber gern mit Ihnen den Schampus nach der gelungenen Prüfung schlürfen. Ihre Eltern werden stolz auf Sie sein. Und Sie werden am Ende sich selbst gezeigt haben, dass Sie Unmögliches möglich machen konnten.
5. Dieses kleine Buch soll Ihnen die zeitlichen Lücken füllen. Zugfahrt - Buch raus! Busfahrt - Buch raus! Beifahrer Auto - Buch raus! Strand - Buch raus! Arzttermin und Wartezeit - Buch raus! Wenn das Buch bei Ihrer Prüfung noch so aussieht, wie Sie es erworben haben, dann haben Sie etwas falsch gemacht. Hier können Sie markieren, ergänzen, Blätter rausreißen und über's Bett hängen, eigene Blätter erstellen (einfach eine Karteikarte DIN A6 benutzen!).
6. Erwischen Sie dabei ein Thema, das in dieses Buch gehören sollte, schicken Sie es uns. Sollten wir der gleichen Meinung sein, ist es bei der Neuauflage drin.
7. Finden Sie einen Fehler, melden Sie ihn bitte per E-Mail an kehnen@kehnen.de
8. Seien Sie überpünktlich! Denken Sie im November auch an Wintereinbrüche! Lieber eine halbe Stunde vor der Prüfung in Warteposition als eine halbe Stunde zu spät! Keiner erhält einen Zeit-Nachschlag! Sollten Sie krank werden, melden Sie das - aber in jedem Fall können Sie erst ein halbes Jahr später die Prüfung machen.

... und keine Angst vor der Prüfung!

9. Nehmen Sie sich Verpflegung mit: Thermoskanne, Süßigkeiten, Kekse, Obst. Das führt immer wieder zu der Frage, ob man denn während der Prüfung zur Toilette darf. Sichere Antwort: Das ist das Grundrecht eines Menschen, das kann und darf Ihnen nicht verwehrt werden.
10. Bei dieser Frage sollte auch geklärt werden, ob Sie ein Handy mitführen dürfen: Nein. Für die Uhrzeit kann man auch einen kleinen Wecker oder sogar die Armbanduhr (Achtung: Aber KEINE Smartwatch) nehmen. Auf jeden Fall schalten Sie Ihr Handy ganz aus, damit Sie nicht von in der Regel nichtssagenden Nachrichten gestört werden.
11. Personendurchsuchungen sollen auch schon mal vorkommen. Das ist aber ein Privileg der Polizei.
12. *Nur zur eigenen Wissensaneignung* empfehle ich allerdings das Anlegen von Karteikarten über die Themen, die Sie absolut nicht in den Griff bekommen. Zwängen Sie HANDSCHRIFTLICH die wesentlichen Inhalte dieses Mörderthemas auf eine DIN-A6-Karte (das ist die Buchgröße), dann haben Sie bereits einen Erfolg. Sie haben das Thema nämlich erfasst. Und damit benötigen Sie diese Karte ohnehin nicht mehr in einer Prüfung. Wenn Sie mit einzelnen Themen in diesem Buch Schwierigkeiten des Behaltens sehen, dann schreiben Sie in eigenen Worten einfach eine eigene Karteikarte. Sie werden sehen: Wer schreibt, der behält!
13. Und wenn Sie die kleinen Grafiken nicht so toll finden - die sind Ergebnisse von Tafelbildern, die ich während meines Unterrichtes als Auflockerung mit eingebracht habe. Also nicht von Picasso, sondern von Kehnen.

Viel Erfolg für Ihre Prüfung!
Ihr
Heinrich Johannes Kehnen

CHECK iT...

So arbeitet man in der Prüfung!

- Die Lösungen der gebundenen Aufgaben müssen Sie in einen Lösungsbogen eintragen. Dafür muss zwingend ein Kugelschreiber benutzt werden.
- Schreiben Sie die Antworten möglichst erst an den Rand neben der Aufgabe und übertragen Sie sie später in die Lösungskästchen des Lösungsbogens. Wenn Sie nämlich noch korrigieren wollen, wird das kompliziert: Sie müssen die alte Lösung durchstreichen und darunter die neue Lösung setzen. Sollte auch die verändert werden, fragen Sie am besten einen Prüfer. Mehr Korrekturen sind nicht möglich!
- Arbeiten Sie nach dem Prinzip: Zunächst die Aufgaben erledigen, die man SICHER kann. Verbeißen Sie sich nicht an einer für Sie komplizierten Stelle, dafür haben Sie keine Zeit. Markieren Sie die noch zu lösende Aufgabe mit einem Markierungsstreifen. Entfernen Sie diese Streifen erst dann, wenn Sie die Aufgabe komplett gelöst haben. Dieses System lässt Sie zu jedem Zeitpunkt sofort erkennen, wo Sie noch einmal ansetzen müssen.
- Schreiben Sie leserlich - nicht nur bei den Zahlen der gebundenen Aufgaben - sondern insbesondere auch bei offenen Fragen. Der Prüfer, der Ihre Arbeit korrigiert und beurteilt, ist auch nur ein Mensch. Stößt er auf Sauklauen oder Schnitzeljagden, wird er UNBEWUSST nicht so positiv eingestellt sein zu Ihren Ausführungen, als wenn Sie sauber, ordentlich und nachvollziehbar arbeiten. Sie dürfen für die Beantwortung der offenen Fragen ruhig einen Füller benutzen, wenn Sie damit besser schreiben können. Selbst farbliche Unterschiede sind sinnvoll, etwa bei Grafiken. Sie müssen ja nicht zwingend die Korrekturfarbe Rot nehmen.
- Da Sie einen Taschenrechner benutzen dürfen, leihen Sie sich für den Tag Ihrer schriftlichen Prüfung noch einen Zweitrechner aus. Nichts ist dämlicher in der Prüfung, als wenn der Taschenrechner versagt, die Tintenpatrone leer ist oder der Tipp-Ex-Roller nicht funktioniert.
- Häufig beziehen sich Prüfungsaufgaben auf Fragen aus dem beruflichen Alltag. Scheuen Sie sich nicht, in Ihren Antworten insbesondere auch die Vorgehensweise IHRES Betriebes darzustellen. Die Arbeitsschritte bei einer Einstellung sind von Betrieb zu Betrieb unterschiedlich. Sie können deshalb auch schreiben: Bei UNS verfahren wir wie folgt:...
- Bei Fragen wie „Nennen Sie drei Merkmale der Fließfertigung“ reichen drei Stichworte! Machen Sie aber auf jeden Fall vor jeder Antwort einen Spiegelstrich. Damit sieht der Korrektor sofort, dass Sie die Aufgabe vom Umfang her gelöst haben. Muss er Trennstriche zwischen Ihren Ausführungen machen, ärgern Sie ihn. Ärger führt nie zu etwas Gutem!

So arbeitet man in der Prüfung!

- Wenn die Frage lautet „Begründen Sie...", dann sollten Sie in ganzen Sätzen antworten. Sind auch hier mehrere Gründe angefragt, gilt wieder, dass Sie mit Spiegelstrichen arbeiten müssen.
- Wenn drei Argumente gefragt sind, darf man dann auch vier Argumente bringen? Das ist nicht sinnvoll, denn Sie erhalten nicht mehr Punkte für mehr Nennungen. Zudem muss der Prüfer in der Reihenfolge Ihrer Nennungen bewerten und darf sich nicht die richtigen Antworten heraussuchen.
- Sollten Sie auf eine Aufgabe stoßen, die eine Rechnung erfordert, überschlagen Sie Ihre Rechnung probeweise. Haben Sie nur einen Rechenfehler, ansonsten aber mit dem Fehler alles richtig gerechnet und die richtigen Schlussfolgerungen gezogen, gibt es nur einen kleinen Abzug an Punkten. Ist Ihr Ergebnis jedoch völlig weltfremd, dann sollten Sie zumindest anmerken, dass Sie offenbar einen Fehler gemacht haben, den Sie noch entfernen werden, wenn die Zeit es hergibt.

Die unterschiedlichen **Aufgabentypen** und ihre Bearbeitung haben wir in diesem praktischen Prüfungsfragen-Leitfaden zusammengestellt:

www.u-form.de/addons/leitfaden-pruefungsfragen.pdf

Am Tag vor der Prüfung haken Sie ab, ob Sie Ihre Tasche ausreichend gepackt haben:

- ☐ Prüfungseinladung - Personalausweis
- ☐ Schreibgeräte - Kugelschreiber - Füller - Buntstifte - Radiergummi
- ☐ Markierungsstreifen (gut klebend!)
- ☐ Taschenrechner (+ Reserverechner)
- ☐ Uhr zur Zeitkontrolle (aber nicht mit dem Handy!)
- ☐ Schutzengel von der Oma - Glücksbringer vom Freund
- ☐ Leckereien - Kaffee

Standort-Faktoren Großhandel (exemplarisch) mit Nutzwert-Analyse des Standortes

Standort-faktoren	Beispiele	Fragestellung/Erläuterung	Gewichtung (1-10)	Unser Standort (Punkte)
Marktfaktoren	Einzugsgebiet-Zielgruppennähe	Wie viel potentielle Kunden liegen in einem Umkreis von xy km?	z. B. 10	z. B. 9
	Kaufkraft	Liegt mein (geplanter) Standort in einem ertragsstarken Gebiet?	z. B. 8	z. B. 5
	Konkurrenz	Gibt es (bereits) Konkurrenz im geplanten Einzugsgebiet?		
	Arbeitspotential	Können wir auf freie Arbeitskräfte zurückgreifen?		
Verkehrs- u. Infrastruktur-faktoren	Parkmöglichkeiten	...für Mitarbeiter, Kunden, Lieferanten?		
	Verkehrliche Anbindung	Liegen wir gut erreichbar zu Autobahnen, Landstraßen, Ballungsgebieten?		
	Beschaffungs-vorteile	Haben wir durch die Lage auch Beschaffungsvorteile (Lieferernähe)?		
betriebswirt-schaftliche Faktoren	Grundstücks-preise / Pacht	Wie hoch sind die m²-Preise und/oder die Pacht bei Neuansiedlung?		
	Gewerbesteuer	Wie hoch ist diese Gemeindesteuer?		
	Fördergebiet	Bekommen wir Fördergelder?		
Summen				

2

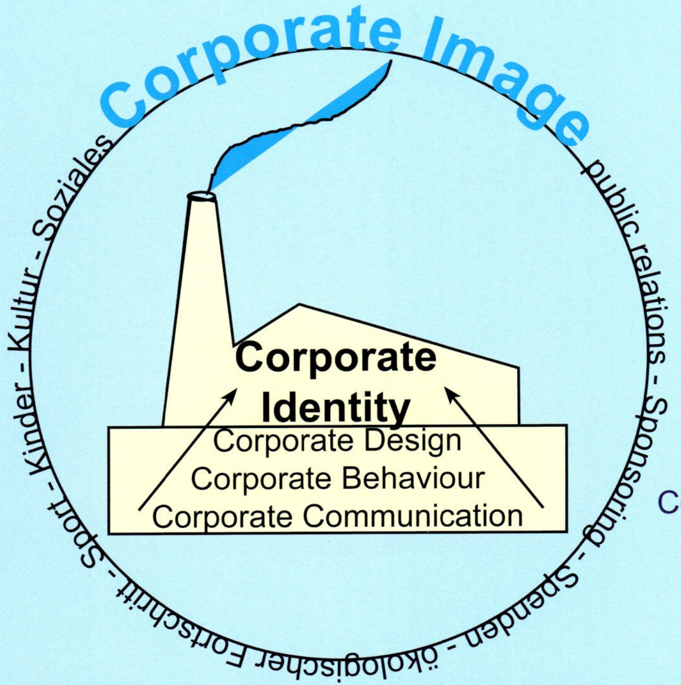

Corporate Design

Logo,
Farbe,
Schrift,
Kleidung,
Internetauftritt,
Produkt-/Verpackungsdesign

Corporate Behaviour

Benehmen,
Auftritt,
Zusammenarbeit

Corporate Communication

Sprache (intern und extern),
Slogan,
Messe,
Werbebotschaften,
Mitarbeiterzeitschrift

Haupt-, Zusatz-, Ergänzungs- Artikel (Angebote)

Viele Angebote ergänzen die Bedürfnisse nach einem Hauptartikel - und schaffen Umsatz

Vorteile für beide Seiten	Ergänzungsangebot	Zusatzangebot	Cross-Selling/Up-Selling
Vorteile für den Verkäufer: ▶ Umsatzsteigerungen für den Verkäufer ▶ Häufig ‚vorteilhafter' kalkuliert ▶ Hilfreich zur Kundenbindung, da diese Verkäufe dem Kunden ‚Bemühen' suggeriert ▶ Dadurch kostenlose Werbung durch positive Mundpropaganda ▶ Oft ‚leichter' zu verkaufen als der Hauptartikel *Vorteile für den Käufer:* ▶ Das Hauptprodukt wird noch einmal aufgewertet (Objektiv zur Kamera) ▶ Das Hauptprodukt wird unabhängiger gemacht und dadurch nutzbarer (zweiter Akku für Handy) ▶ Das Hauptprodukt funktioniert nur mit dem Ergänzungsprodukt (SD-Karte für die Digital-Kamera) ▶ Unnötige Wege werden eingespart (Kaninchenstall und Futter) ▶ Der Käufer erfährt durch den Verkäufer, dass er sich mit dem Wohlbefinden seines Kunden auseinandersetzt und ihn offensiv beraten hat.	▶ Zu den Ergänzungsangeboten zählen Artikel, die zwingend für den Gebrauch des Hauptproduktes erforderlich sind. → Ein Handy ist völlig unbrauchbar, wenn nicht auch eine SIM-Karte ergänzend gekauft wird (unabhängig von Vertrag oder Pay-Karte). → Viele elektronische Geräte erfordern Batterien. Sollten die nicht bereits dem Hauptprodukt beigefügt sein, muss diese Ergänzung angeboten werden. → Ein DVD-Brenngerät ohne beschreibbare DVDs ist Unsinn (und umgekehrt).	▶ Ein Zusatzangebot liegt dann vor, wenn der Verkäufer dem Kunden einen Artikel anbietet, der in direktem Zusammenhang mit dem Hauptartikel steht und den Kundennutzen steigert. Dieser Zusatzartikel ist nicht zwingend notwendig - aber sinnvoll. → Zu einem Herren-Oberhemd ist es sinnvoll, auch eine neue Krawatte anzubieten - und zwar, bevor der Kunde schon wieder an der Kasse steht. → Neue Damengarderobe lässt gern die Möglichkeit entstehen, auch die Unterwäsche, die Tasche und die Schuhe passend dazu zu erstehen.	Cross-Sellling ist eine Art des Zusatzverkaufes. Der Einzelhändler bietet dabei Artikel an, die gar nicht, oder nur indirekt in Verbindung zum Hauptprodukt stehen. So werden an Tankstellen Getränke, Blumen und Snacks angeboten, Lottoannahmestellen verkaufen vom Tabak bis zum Wein fast alles, Postagenturen ebenfalls. Kein Möbelhaus verzichtet mehr auf eine ‚Krimskrams'-Abteilung. Baumärkte nehmen auch Bastelmärkte in ihr Programm. Dem Kunden wird in der Regel ein mittleres Produkt vorgelegt. UP-Selling bedeutet dann, den Kunden vom höherwertigen Produkt oder von einer größeren Menge zu überzeugen.

Sortimente

Definition	flach ↔ tief	breit ↔ schmal	ständig↔variabel	Kern ↔ Rand
Alle Waren und Dienstleistungen, die in einem Geschäft angeboten werden, bilden das **Sortiment** ↓ Warenbereiche *z.B. Lebensmittel* ↓ Warengruppen *z.B. Getränke* ↓ Warenarten *z.B. Wein oder Sekt* ↓ Artikel *z.B. Weiß- oder Rotwein* ↓ Sorte (kleinste Einheit) *z.B. Kröver Nacktarsch*	Ein *flaches* Sortiment hat innerhalb der Warenarten nur wenige Artikel. In einem kleinen Laden gibt es verschiedene Warenbereiche (z. B. Schreibwaren, Getränke,...), doch von einem Artikel gibt es nur eine oder wenige Sorten (z. B. zwei verschiedene Flaschen Wein). In einem *tiefen* Sortiment findet man viele Artikel aus einzelnen Warenarten. Fach- und Spezialgeschäfte führen ein sehr tiefes Sortiment. In einem Weingeschäft wird etwa nur Wein angeboten, aber es gibt eine riesige Auswahl.	Ein Kaufhaus bietet in der Regel ein *breites* Sortiment mit Bereichen wie Textilien, Lebensmittel, Drogerieartikel, Bücher, Elektroartikel u.s.w. Auch Warenhäuser stellen sich immer breiter auf. („Einmal hin, alles drin“) Werden nur wenige Warenbereiche angeboten, spricht man von einem *schmalen* Sortiment. Dies könnte etwa ein Buchladen sein, der Kaffee- und Kakaoladen oder der Süßwarenladen.	Das Sortiment, das man immer im Angebot führt, ist das *ständige* Sortiment. Dies wird immer wieder ergänzt oder auch verkleinert, aber in einer langfristigen Strategie. Nimmt man auch Bereiche hinzu, die nur saisonal angeboten werden können - oder die gerade interessant auf dem Markt sind, ergänzt man kurzfristig mit einem *variablen* oder einem *Saison-Sortiment*-Angebot.	Wie beim Kerngeschäft oder den Randgeschäften ergeben sich die größten Umsätze beim *Kern-Sortiment*. Wenn das Kerngeschäft das Handeln mit Elektrowerkzeugen ist, dann gehört auch ein *Rand-Sortiment* mit Ersatzteilen oder Zubehörteilen dazu. Es gibt auch bereits Handwerkermärkte, die viele kunstgewerbliche Artikel anbieten, um neben Heimwerkern auch Bastler anzusprechen.

Lieferantensuche

konventionell

- ABC der deutschen Wirtschaft
- Gelbe Seiten
- IHK
- eigene Lieferantendateien
- Fachmessen, Ausstellungen
- Vertreterberichte – Berichte unserer Reisenden
- Verbandsempfehlungen
- Anfrage über Mail, Brief

Internetsuche/ e-procurement

- allgemeine Produktsuche über Google o.ä.
- Einengung der Suche durch Spezifizierung des Produktes
- Einengung der Suche durch Anforderungen u.o. Ort
- Bitte um Kontaktaufnahme oder
- konkrete Beschreibung der Anforderung über die Anbieterseite
- Angabe über das eigene Unternehmen
- variable Inhalte durch Screenshot sichern
- ....

ständige oder wechselnde Lieferanten?

Vorteile für **ständige** Lieferanten:

- Kosteneinsparung durch wenig Ausschreibungen
- genaue Abschätzung der Qualität
- hohes Maß an Sicherheit der Lieferung

*Nachteile für **ständige** Lieferanten:*

- *mögliches Verpassen innovativer Produkte*
- *kaum Preisvergleiche möglich*
- *man wird bequem*

Vorteile für **wechselnde** Lieferanten:

- immer im optimalen Preissegment
- Innovationen können geprüft werden
- Lieferanten „ruhen sich nicht aus“

*Nachteile für **wechselnde** Lieferanten:*

- *nicht immer die gleiche Qualität*
- *Lieferunsicherheiten möglich*
- *viel Bürokratie bei oft ärmlichen Ergebnissen*

Lieferantenbewertung / Nutzwertanalyse

Auswahlkriterien

- Preis
- Lieferbedingungen
- Liefererentfernung (D - Europa - Übersee?)
- Liefertermin (Flexibilität)
- Liefertreue
- Liefersicherheit/-zuverlässigkeit
- gelieferte Qualität
- Garantien
- Beratung
- Image
- Flexibilität bei Produktänderungen
- Innovationsfähigkeit
- Mindestabnahmemengen
- Abrufaufträge möglich?
- Rahmenverträge möglich?
- Gegengeschäfte - Kooperationen
- After-Sales-Service
- QS-zertifiziert?
- Öko-Ansprüche erfüllt?
- ....

Bewertungsschema (Beispiel)

Kriterium	Lieferanten				
	maximal	A	B	C	D
Qualität	10	9	9	10	8
Preis	10	8	10	7	7
Zahlungsbedingungen	3	2	2	3	1
Lieferbedingungen	5	4	5	3	3
Zuverlässigkeit	7	6	5	7	5
Beratung	8	2	5	4	4
After-Sales-Service	6	6	5	6	4
Flexibilität	5	3	3	5	3
Zertifizierungen	6	3	6	6	3
Rahmenverträge	6	0	4	5	5
Image	4	3	4	4	2
Summen	**70**	**46**	**58**	**60**	**45**

Warenwirtschaftssystem (WWS) Vor- und Nachteile

Was ist ein WWS?

Ein WWS bildet alle Warenströme in den Geschäftsprozessen eines Unternehmens ab. Die einzelnen Vorgänge werden digital für den PC erfasst. Sie sind dann jederzeit und für jeden abrufbar. Folgende Bereiche/Aufgaben werden beispielsweise erfasst:

- ▶ Angebote
- ▶ Aufträge
- ▶ Lieferscheine
- ▶ Rechnungen
- ▶ Kaufverträge
- ▶ Bestellungen
- ▶ Lagerbewegungen
- ▶ Lagerkennziffern
- ▶ Aufstellungen wie Renner/Penner-Listen
- ▶ automatische Bestellungen, wenn die Lagerkennzahlen es verlangen
- ▶ Provisionsabrechnungen für Verkäufer
- ▶ Mitarbeiter-Zeiterfassung
- ▶ Statistiken
- ▶ Controlling-Daten
- ▶ Schnittstelle für einen Online-Shop

Vorteile eines WWS

- ▶ Arbeitserleichterung an der Kasse
- ▶ Preisauszeichnung vereinfacht
- ▶ Bestandsüberwachung des Artikels im Lager mit Meldung des Bestellzeitpunktes und der Bestellmenge
- ▶ Auswertung der Daten über alle Artikel jederzeit möglich - man kann erkennen, welche Artikel man aus dem Sortiment entfernen möchte (Pennerliste) oder aber welche Artikel man am besten ergänzt (Rennerliste)
- ▶ Kontrolle über die betriebswirtschaftlichen Daten wie etwa die Handelsspanne (was hat mir der Artikel pro Stück und insgesamt gebracht), die Lagerdauer wegen der Kapitalbindung u.s.w.
- ▶ Rechnungskontrolle wird vereinfacht
- ▶ Marketingstrategie aus Statistiken ableitbar
- ▶ Personal kann gezielt eingesetzt werden, wenn die Umsatzdaten nach der Verkaufszeit abgerufen werden

Nachteile eines WWS

- ▶ Kontrollmöglichkeiten über verkaufsschwache Zeiten führen zu veränderten Einsatzzeiten der Mitarbeiter - ein Durchatmen wird immer schwieriger
- ▶ Oft zu stark ausgerichtet nach den Zahlen. „Penner“ werden entfernt, dadurch wird dem Kunden vielleicht der Eindruck vermittelt, man biete nicht mehr „alles aus einer Hand“ an.
- ▶ Ein Kunde jedoch, der wegen eines fehlenden Möbelbeschlages in einen anderen Heimwerkermarkt fährt, entdeckt dort vielleicht eine ihm noch besser anmutende Atmosphäre - und kauft nur noch dort.
- ▶ Man verlässt sich nur noch auf Zahlen, dadurch kann eine Reaktion auch zu spät erfolgen.
- ▶ Statistiken führen zu wenig Kreativität, sie ersetzen gern Mitdenken und intelligentes, nicht formel-gesteuertes Handeln.

Lager-Kennzahlen-Begriffe

<table>
<tr><th>Begriffe</th><th>Meldebestand/Mindest-/Höchstbestand</th><th>Kennzahlen</th></tr>
<tr><td>optimaler Lagerbestand:
Kostenminimierung der Beschaffungs- und Lagerkosten</td><td>MeldeB = Verbrauch/Tag * Lieferzeit + Mindestbestand</td><td>Durchschnittlicher Lagerbestand:
DLB = (AnfangsB+EndB)/2 oder
= (AB+12MonatsB)/13 oder
= (AB+ x B)/(x+1)</td></tr>
<tr><td>Mindestlagerbestand:
Eiserner Bestand/Eiserne Reserve
(wird individuell festgelegt)</td><td>Beispiel: Verbrauch/Tag = 10 Stück
Lieferzeit: 5 Tage;
Mindestbestand = 30; Höchstbestand = 120
MeldeB = 10 (V/t) * 5 (LZ) + 30 (MiB) = 80</td><td>Endbestand und Anfangsbestand:
EB = AB + Zugänge - Abgänge</td></tr>
<tr><td>Meldebestand:
Bestellzeitpunkt ist durch eine bestimmte erreichte Menge gekommen. Der jetzt noch existierende Rest muss für die Zeit bis zum Eintreffen der neuen Lieferung reichen</td><td rowspan="2">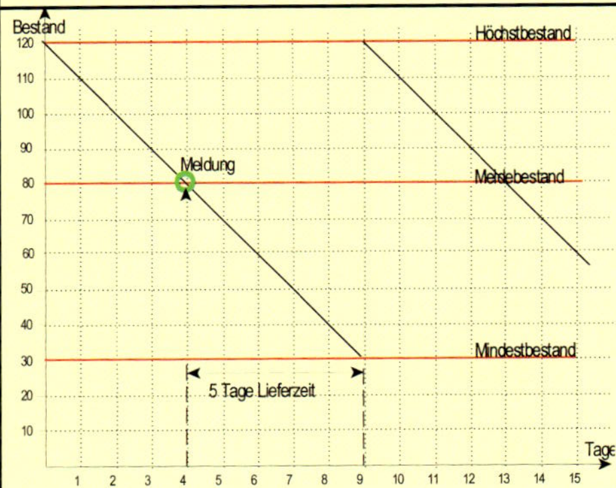
</td><td>Umschlagshäufigkeit:
UH = Wareneinsatz / DLB</td></tr>
<tr><td>Höchstbestand:
Begrenzung der L-Menge nach oben durch Kapazität, Haltbarkeit, Auftragslage etc.
(wird individuell festgelegt)</td><td>Durchschnittliche Lagerdauer:
DLD = 360 / UH

Lagerzinssatz:
LZ = Jahreszinssatz * DLD / 360</td></tr>
</table>

Lagerkennziffern am Beispiel

<table>
<tr><td>Artikel</td><td>201418</td><td>Bezugspreis</td><td>80,00 €</td><td>höchste Lagerkapazität: 1.000 Stück</td></tr>
<tr><td>Bezeichnung</td><td>Akkuschrauber</td><td>Verkaufspreis</td><td>135,00 €</td><td>Lagerhalle B - Platz 46 - 56</td></tr>
<tr><td>Mindestbestand</td><td>300 Stück</td><td></td><td>Lieferer</td><td>White&Lecker LtD London</td></tr>
<tr><td>Anfangsbestand</td><td>650</td><td colspan="3" rowspan="2">Weitere Informationen: Gesamter Wareneingang im Jahr xy: 3.350 Stück
Umschlagshäufigkeit im Vorjahr 6, im Vor-Vorjahr 6,5 # Zinssatz 9% = 0,09</td></tr>
<tr><td>31.01.20xy</td><td>900</td></tr>
<tr><td>28.02.20xy</td><td>850</td><td colspan="3" rowspan="2">1. Berechnung des Wareneinsatzes (WE):
Anfangsbestand + Wareneingang - Endbestand = 650 + 3.350 - 940 = 3.060 = WE</td></tr>
<tr><td>31.03.20xy</td><td>600</td></tr>
<tr><td>30.04.20xy</td><td>750</td><td colspan="3" rowspan="2">2. Berechnung des durchschnittlichen Lagerbestandes (DLB):
DLB = (AB + 12 Monatsendbestände) / 13 = 8.840 / 13 = 680 = DLB</td></tr>
<tr><td>31.05.20xy</td><td>450</td></tr>
<tr><td>30.06.20xy</td><td>350</td><td colspan="3" rowspan="2">3. Berechnung der Umschlagshäufigkeit (UH):
UH = WE / DLB = 3.060 / 680 = 4,5 = UH</td></tr>
<tr><td>31.07.20xy</td><td>400</td></tr>
<tr><td>31.08.20xy</td><td>500</td><td colspan="3" rowspan="2">4. Berechnung der durchschnittlichen Lagerdauer (DLD):
DLD = 360 [Tage] / UH = 360 / 4,5 = 80 = DLD</td></tr>
<tr><td>30.09.20xy</td><td>650</td></tr>
<tr><td>31.10.20xy</td><td>850</td><td colspan="3" rowspan="2">5. Berechnung der Lagerzinsen (LZ): Es gibt mehrere Varianten!
LZ = (DLB*Bezugspreis)*Zinssatz / UH = (680*80) * 0,09 / 4,5 = 1.088,00 €</td></tr>
<tr><td>30.11.20xy</td><td>950</td></tr>
<tr><td>31.12.20xy</td><td>940</td><td colspan="3" rowspan="2">6. Auswirkungen der Veränderungen der UH: Je höher UH, desto geringer ist die Kapitalbindungsdauer, deshalb entweder WE steigern (Marketing-Mix!) oder DLB verringern (Mindestbestand verringern, Bestellabstände verkürzen). Senkung der Zinsen auch durch geringeren Bezugspreis!</td></tr>
<tr><td></td><td>Summe 8.840</td></tr>
</table>

Lagern

<table>
<tr><th>Aufgaben</th><th>Arten</th><th colspan="2">Organisation: Chaos oder Festplatz?</th><th>funktional</th></tr>
<tr>
<td>► Zeit überbrücken (Lieferungen nicht immer pünktlich)
► Sicherheit schaffen (Lieferungen nicht immer möglich)
► Produkt umformen/veredeln (Wein, Holz)
► Produkte aussortieren</td>
<td>► Freilager – geschlossene L. (Kunststoffrohre, Kupferrohre)
► zentral – dezentral (Vorteil zentral: 1 x Bürokratie, guter Überblick, kostengünstig; Vorteil dezentral: schneller erreichbar)
► Eigenlager-Fremdlager
► Konsignationslager: Lager des Lieferers wird beim Abnehmer eingerichtet. Dieser zahlt nach Entnahme.</td>
<td>Vorteile Chaos:
• optimale Auslastung
• optimale Laufwege
• schnelle Einlagerung
• schnelle Kommissionierung
• perfekte Bestandskontrolle

Nachteile Chaos:
• ohne perfekte Datensicherung Zusammenbruch des Lagers
• hohe Einrichtungskosten</td>
<td>Vorteile Festplatz:
• jeder Mitarbeiter kennt die Lagerplätze
• deutlich sichtbare Mengen

Nachteile Festplatz:
• hoher Platzverbrauch
• Fehlerquote bei Entnahmen hoch
• Differenzen Soll – Ist
• Auswertungen schwierig</td>
<td>► Eingangslager (Kontrollen:)
• Empfänger richtig?
• Liefertermin richtig?
• Bestellung vorhanden?
• Lieferschein mit Anzahl und Beschaffenheit vergleichen
• Abweichungen und Schäden auf LS vermerken
► Ersatzteillager
► Handlager
► Zwischenlager
► Versandlager</td>
</tr>
<tr><th colspan="5">ökologische Beschaffung + Produktion => green procurement</th></tr>
<tr><th>Wirkungsgrad erhöhen</th><th colspan="2">Kreisläufe schaffen</th><th>Gefahrstoffe reduzieren</th><th>Emissionen vermeiden oder reduzieren</th></tr>
<tr>
<td>► Öko-Effizienz erhöhen

► Ressourcen-Effizienz steigern</td>
<td colspan="2">► Minimierung der Abfälle durch
→ Vermeidung
→ Wiederverwertung
→ Weiterverarbeitung
→ Demontagefreundlichkeit
→ Recycling</td>
<td>► in den Produkten

► in der Produktion</td>
<td>► direkte Schadstoffe

► indirekte Schadstoffe

► Lärmvermeidung</td>
</tr>
</table>

Meldebestand aus Artikelstammblatt

Artikelstammblatt vom 11.11.			
Artikelnummer Bezeichnung	4711 Duschgel „Engel“	 Warengruppe 3	
Bestand reserviert bestellt	129 17 0	Durchschnitts- Einkaufspreis Warenwert	2,33 € 300,57 €
Lieferant Lieferanten-Nr L-Artikel-Nr	Duft-GmbH Olé 0815 1234567	Mindestbestand Lieferzeit Absatz pro Tag Meldebestand	20 Stck 2 Tage 12 = 44
Lieferanten- adresse	Veilchengasse 7 57462 Olpe	Telefon Fax Mail	02761 - 445566 02761 - 445567 info@duft.center

Berechnungen

Meldebestand (MB):

MB = Mindestbestand + Lieferzeit x Absatz/Tag

MB = 20 + 2 x 12 = 44

Immer beachten:
Manchmal müssen Sie in der Aufgabe die drei Angaben (MiBe-LiZei-Ab/tag) regelrecht suchen. Nicht verzweifeln! Das ist wie Ostereiersuche!

Wie kann man den Meldebstand senken - und damit Lagerkosten einsparen?

1. Der Mindestbestand kann gesenkt werden. Senkt man ihn auf 10, liegt der Meldebestand bei 34.
2. Mit dem Lieferer muss eine kürzere Lieferfrist vereinbart werden. Senkt man diese auf 1 Tag, dann fällt der Meldebstand von ursprünglich 44 auf (20 + 1 x 12) = 32.

Lagerarbeiten

Waren annehmen und...	...fachgerecht lagern	Lieferungen kommissionieren (zusammenstellen)
• Waren ausladen (lassen) • Lieferschein kontrollieren (z.B. Empfänger richtig?) • Ware anhand des Lieferscheins auf Vollständigkeit kontrollieren • Zustand der Ware prüfen auf äußere Beschädigungen • Lieferschein bestätigen oder Mängel direkt auf dem Lieferschein vermerken und bestätigen lassen • beim zweiseiten Handelskauf unverzüglich Prüfung der Ware auf nicht sofort sichtbare Mängel, z. B. durch Zählen, Messen oder Wiegen • unverzügliche Mängelrüge an den Lieferer, sollten sich bei dieser genaueren internen Prüfung Mängel gezeigt haben	• Ware an den richtigen Platz bringen bei einem Festplatzlagersystem • Ware in das Lagersystem eingeben und den PC veranlassen, für diese Ware einen Standort im Chaos-System zu finden, anschließend die Ware über System-Transporter einlagern lassen • Typ der Ware beachten, um Plätze nach Temperatur, Luftfeuchtigkeit, gesetzlichen Bestimmungen, Zugriffshäufigkeit (Festplatz-System), Größe, Gewicht etc. unterscheiden und zuordnen zu können • Lagerkarten (WWS) ausfüllen, möglicherweise auch an den Stellflächen anbringen, ständige Kontrolle über die vorhandene Menge und über die Haltbarkeitsvorschriften • Durchführung von Inventuren	• die unterschiedlichen Waren einer Bestellung heraussuchen und zu einer Kommission zusammenstellen • bei dem Festplatzsystem müssen die Waren einer Bestellung in der Regel manuell zusammengeführt werden • im Chaos-Lager übernimmt die Datenverarbeitung (z.B. WWS) das Suchen, in den modernsten Lagern werden die Waren durch einen „Roboter" (Regalbediengerät) eingelagert und eingesammelt. • für die Kommission werden die Papiere erstellt • die Kommission wird verpackt... • ...mit Versandaufklebern versehen • ...und für die Auslieferung bereit gestellt

ABC-Analyse

Gesucht sind die Materialien, die einen geringen Mengenanteil, aber einen hohen Wertanteil am gesamten Beschaffungsvolumen des Unternehmens beanspruchen. Dazu erstellt man eine Tabelle, in der die eingekauften Mengen und die für diese Mengen ermittelten Werte aufgelistet sind.

Die A-Materialien gehen mit 20 % der Menge in das Produkt ein, kosten aber 75 % des Produkt-Materialwertes. Bei einem Einkauf über insgesamt 500 Mio € werden durch die A-Güter bereits 375 Mio € an Kapital gebunden.
Die B-Güter nehmen 30 % der Menge ein (50-20) und repräsentieren einen Wert von 15 % (= 75 Mio €).
Die große Masse der C-Güter umfasst 50 % der Menge eines Produktes, entspricht aber nur 10 % des Wertes des Gesamtproduktes (100-90).

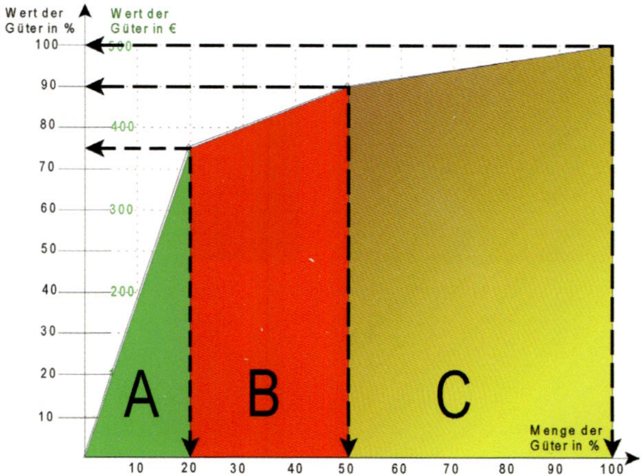

Folgerungen:

→ erzielt man bei A etwa 5 % Rabatt, hat man mehr eingespart als hätte man 10 % bei den C-Gütern erreicht.
→ Bei A höchstmöglichen Lagerumschlag anstreben, um die Kapitalbindung zu verringern – evtl. auch „just in time“ einplanen und/oder dem Lieferer ein Konsignationslager abhandeln (Güter werden erst nach Entnahme bezahlt).
→ besonders hohe Aufmerksamkeit bei der Liefererauswahl, dem Lieferersitz und der Beschaffungslogistik.

ABC-Analyse - Beispiel

Die K&K GmbH & Co. KG analysiert anhand der Verkaufszahlen des letzten Jahres, welche Produkte besonders wichtige Teile des Wareneinsatzes sind (= A-Güter mit rund 80 %), welche Produkte die nächsten 15 % ausmachen (= B-Güter) und welche Produkte in die Gruppe fallen, die weniger als 5 % des Wertes ausmachen (= C-Güter). Die vorgegebenen Werte werden in schwarz, die errechneten Werte werden in rot notiert. Rundungen sollen auf eine Stelle nach dem Komma erfolgen.

Artikel-Nummer (1)	abgesetzte Menge (2)	% der gesamten abgesetzten Menge (3)	Einstands-preis/Stck in € (4)	Wareneinsatz (WE) in € (= abges. Menge * Preis) (5)	% vom gesamten WE (6)	Rangfolge (höchste % = 1 usw) (7)	A - B oder C? (8)
1418	444	18,2	44,00	19.536,00	6,3	4	B
1419	255	10,4	12,00	3.060,00	1,0	5	C
1420	999	40,9	1,50	1.498,50	0,5	6	C
1421	333	13,6	155,00	51.615,00	16,7	2	A
1422	222	9,1	111,00	24.642,00	8,0	3	B
1423	188	7,7	1.111,00	208.868,00	67,5	1	A
Summen	2.441	100,0		309.219,50	100,0		

1. Spalte (3): 444/2.441*100 = 18,2 usw.
2. Spalte (5): Spalte (2) * Spalte (4) = 444 * 44 = 19.536 usw.
3. Spalte (6): 19.536/309.219,50*100 = 6,3 usw.
4. Spalte (7): Höchste % = 67,5 = 1. Rang usw.
5. Spalte (8): Zuordnung A, B oder C

Wir verkaufen zwar nur 188 Stück von 1423, setzen aber hier am meisten Kapital ein. Deshalb werden die Verhandlungen um den Einstandspreis besonders intensiv geführt werden müssen. Zudem werden wir nicht zu viel davon auf Lager legen, sondern den Bestellrhythmus verkürzen, die Mengen nach unten anpassen und den Mindestbestand klein halten. Dafür müssen wir nicht so viel Wert auf die C-Güter legen, aber B-Güter fördern.

Bedarfsdeckung

Bestellpunkt-Verfahren

Beim Bestellpunktverfahren wird immer dann eine Bestellung ausgelöst, wenn der Meldebestand erreicht wurde. Bei jedem neuen Lagerabgang wird überprüft, ob der Meldebestand erreicht wurde.

(siehe auch: Lager-Kennziffern-Begriffe)

Formel: MeldeB = Mindestbestand + Verbrauch/Tag · Lieferzeit

Vorteile:

- kurzfristige Bedarfsschwankungen können schnell berücksichtigt werden
- Mindestbestand kann an Lieferfähigkeit des Zulieferers angepasst werden, damit geringe Kapitalbindung

Nachteile:

- Näherungswerte (Durchschnitte beim Verbrauch) können Fehler bedingen
- Lieferer müssen bereit sein, immer unterschiedliche Mengen (Höchstgrenze verschiebbar) zu unterschiedlichen Zeiten (Tagesverbrauch verändert sich) zu liefern. Dies ist bei Preisverhandlungen ein Hindernis.

Bestellrhythmus-Verfahren

Beim Bestellrhythmusverfahren werden die Bestellungen in festgelegten Zeitintervallen durchgeführt. Dabei können die Bestellungen variabel sein oder auch feste Größen (s. Abb.) haben.

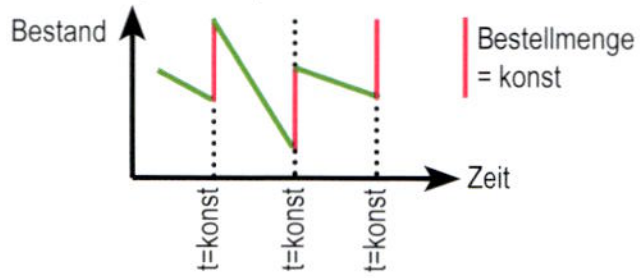

Bei dieser Konstellation kann es sehr schnell passieren, dass zu viel oder zu wenig Material auf Lager liegt. Das führt entweder zu Fehlmengenkosten oder zu erhöhten Kapitalbindungskosten. Auch wenn die Bestellmenge variiert wird, müsste eine Obergrenze eingeführt werden, die maximal auf Lager liegen darf. Der einzige Vorteil ist die Verhandlungsbasis beim Einkauf. Sobald sich die Absatz- und Produktionszahlen von Monat zu Monat ändern, ist dieses System nicht gut.

Just in Time

Erläuterung:

- Bei Just in Time (JIT) werden die Materialien fertigungssynchron angeliefert. So werden bei der Produktion des Autos die Sitzpolster erst angeliefert, wenn sie eingebaut werden.

Voraussetzungen:

- beste Infrastruktur
- große Mengen
- hohe Umschlaghäufigkeit der Güter
- Vertrauen in den Lieferanten
- Flexibilität des Lieferanten
- optimaler Informationsfluss auf EDV-Basis

Vorteile:

- Kosteneinsparungen (Lager, Kapitalbindung, Personal, Transport)
- weitere Verkürzung der Produktionszeiten
- technischer Fortschritt kann vom Lieferer eingekauft werden

Nachteile:

- Risiko Produktionsausfall groß
- Abhängigkeit vom Lieferer
- Liefererabhängigkeit vom Besteller
- große Abhängigkeiten bei den Preisen sowohl beim Lieferer als auch beim Besteller
- Wechsel des Lieferanten sehr schwer
- Viele Lager verlagern sich auf die Straße

Beschaffungsplanung

Wann ?

- ▶ in regelmäßigen Zeitabständen → bei konstantem Absatz
- ▶ wenn der Meldebestand erreicht ist → bei unregelmäßigem Absatz
- ▶ wenn das Warenwirtschaftssystem ausrechnet, dass in x Tagen Nachschub benötigt wird
- ▶ wenn Saisonwechsel bevorstehen (Mode)
- ▶ wenn Jahreszeitenwechsel oder Ereignisse bevorstehen (Winter/Sommer, Weihnachten/Ostern...)
- ▶ wenn die Renner-Penner-Liste es fordert
- ▶ wenn Limits unterschritten werden
- ▶ wenn ein Kauf-auf-Abruf-Vertrag ausläuft

Was ?

- ▶ nach den Absatzstatistiken der Vormonate oder Vorjahre
- ▶ nach der Renner/Penner-Liste
- ▶ nach der Kundennachfrage
- ▶ nach den neuesten Trendmeldungen
- ▶ nach den Jahreszeiten
- ▶ nach bevorstehenden Feiertagen oder Ereignissen (Halloween, Valentinstag, Muttertag, Vatertag, Karneval und vom Marketing neu zu erfindende Anlässe)

Wie viel ?

- ▶ nachfrageorientiert, nach den Absatzstatistiken
- ▶ optimale Bestellmenge, die am Minimum der Gesamtkosten von Lager- und Bestellkosten liegt (Jede Bestellung kostet einen bestimmten Satz an Arbeit und Zeit)

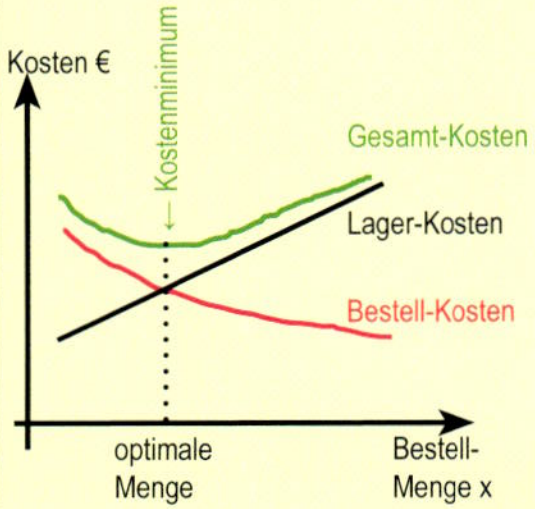

Nach-/Vorteile Bestand

- ▶ **Nachteile** durch hohen Bestand
  - → hohe Lagerkosten (Stellflächen, Raumkosten, Pflege...)
  - → erhöhtes Risiko durch Verderb, durch Modeschwankungen, durch technische Veralterung
  - → hohe Kapitalbindungskosten
- ▶ **Vorteile** durch hohen Bestand
  - → immer verkaufsbereit
  - → Ausnutzen hoher Rabatte
  - → Sonderangebote nutzen
  - → geringere Transportkosten

Wo?
siehe Seiten 5 + 6 „Lieferantensuche“ und „Lieferantenbewertung“

Eigen- oder Fremdlager?

Vorteile Eigenlager

- Zugriff schneller
- jederzeit Übersicht über alle Vorräte
- Kosten bei größeren Mengen in der Regel niedriger
- Abwicklungen von Verträgen einschließlich Auslieferungen simpler durch ständige Abstimmungen
- Keine Abhängigkeiten zu Dritten
- Kaum Einfluss auf Mitarbeiterqualifikation beim Fremdlager
- Lagersystem (Festplatz, Chaos) kann angepasst werden

der rechnerische Vergleich erfolgt immer über:

Kosten (eigen) = Kosten (fremd)

$$K_{fix} + K_{variabel} = K_{fremd}$$

Beispiel 1: Unternehmen 1 rechnet mit folgenden Kosten bei Eigenlagerung	
Fixe Kosten p.m. →Raumkosten →Personalkosten →Abschreibungen →Versicherungen	 5.400 € 4.200 € 2.600 € 925 €
Summe Fixe Kosten	13.125 €
Variable Kosten/m²	22,50 €/m²
Fremdkosten/m²	40 €/m²

$K_{fix} + K_{variabel} = K_{fremd}$

$13.125 + 22{,}50\,x = 40\,x \quad |\ -22{,}50\,x$

$13.125 = 17{,}50\,x \quad |\ :17{,}50$

$\underline{x = 750\ [m^2]}$

Ab 751 m² ist die Eigenlagerung günstiger als die Fremdlagerung.

Beispiel 2: Unternehmen 2 rechnet mit folgenden Kosten bei Eigenlagerung	
Fixe Kosten p.m. →Abschreibung →Gehälter →Miete →Versicherung	 6.600 € 21.000 € 8.400 € 1.100 €
Summe Fixe K.	37.100 €
Var. Kosten/Stck	1,30 €/Stck
Fremdkosten/Stck	2,70 €/Stck

$K_{fix} + K_{variabel} = K_{fremd}$

$37.100 + 1{,}30\,x = 2{,}70\,x \quad |\ -1{,}30\,x$

$37.100 = 1{,}40\,x \quad |\ :1{,}40$

$\underline{x = 26.500\ [Stck]}$

Ab 26.501 Stck ist die Eigenlagerung günstiger als die Fremdlagerung.

Vorteile Fremdlager

- Bestände werden durch fremden Lagerhalter überprüft
- Standort des Fremdlagers besser an das Verkehrsnetz angeschlossen
- Serviceangebot des Lagerhalters
- Keine eigenen Investitionen → + Liquidität
- Speziallager-Nutzung
- eventuell kostengünstiger als Eigenlagerung
- Keine Leerkosten bei schwacher Konjunktur
- weniger eigenes Personal

Optimale Bestellmenge

Beispielaufgabe

Wir benötigen pro Jahr 80.640 Stück. Jede Bestellung kostet 150 €. Wir zahlen für jedes Stück 1,20 €. Der Lagerhaltungskostensatz wurde bei uns mit 10 % ermittelt. Ermitteln Sie die optimale Bestellmenge!

Antwort: optimale Bestellmenge => 6 Bestellungen mit jeweils 13.440 Stück

Beispielberechnung

Bestellungen	Menge (Stück)	Ø Bestand (Stück)	Ø Bestand (in Euro)	Lagerhaltungskosten	Bestellkosten	Gesamtkosten
		immer die Hälfte der eingekauften Menge	durchschnittliche Menge x Einkaufspreis pro Stück (hier: 1,20 €)	hier: 10% vom Ø Lagerwert *(auch: x € pro Stück)*	immer: Anzahl der Bestellungen x Kosten pro Bestellung, (hier: 150 €)	immer: Lagerhaltungskosten + Bestellkosten
1	80.640	40.320	48.384,00	4.838,40	150,00	4.988,40
2	40.320	20.160	24.192,00	2.419,20	300,00	2.719,20
3	26.880	13.440	16.128,00	1.612,80	450,00	2.062,80
4	20.160	10.080	12.096,00	1.209,60	600,00	1.809,60
5	16.128	8.064	9.676,80	967,68	750,00	1.717,68
6	13.440	6.720	8.064,00	806,40	900,00	1.706,40
7	11.520	5.760	6.912,00	691,20	1.050,00	1.741,20
8	10.080	5.040	6.048,00	604,80	1.200,00	1.804,80

Wann sollte man von der optimalen Bestellmenge abweichen?

==> Engpass, Kapazität, Liquidität, Mindestmenge, Politik, Sonderaktionen, Spekulation, Zinsniveau

Optimale Bestellmenge - grafische Darstellung

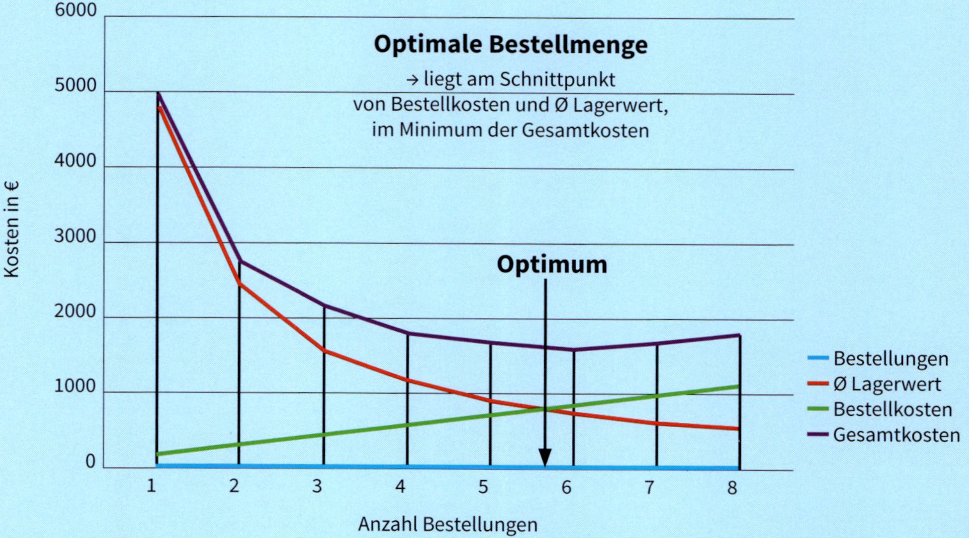

Produktlebenszyklus

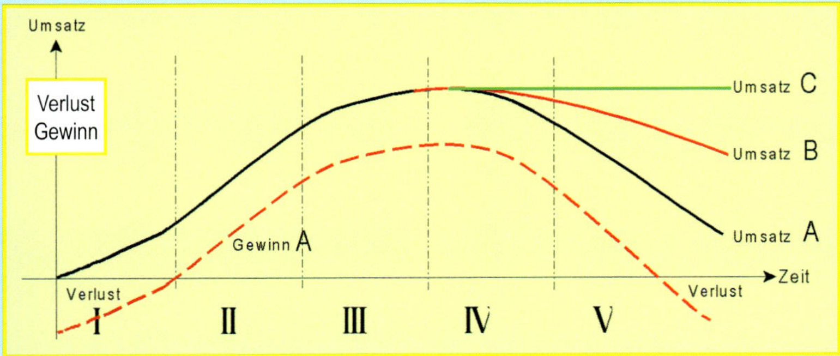

Einführung	Wachstum	Reife	Sättigung	Degeneration
schwaches Wachstum	starkes Wachstum	Wachstum verringert	Boom überschritten	starker Rückgang
viel Werbung	wenig Werbung	Werbung erhöhen	Werbung hoch	Erinnerungswerbung
Verluste	Gewinne ja *neues Produkt beginnen*	Gewinne optimal	Gewinne hoch	Sonderverkäufe mit minimalen Gewinnen

Das Produkt A baut in der Degenerationsphase stark und schnell ab.

Produkt B hält sich noch länger am Markt, möglicherweise durch Preissenkungen, massive Werbung und *scheinbare* Veränderungen.

Ideal sind Produkte wie C, die immer auf dem Boom-Level bleiben (Coca-Cola, Fischer-Dübel), sie entsprechen den Cash-Cows im Portfolio.

Kalkulationsschema
Bezugskalkulation

Berechnung des Bezugspreises

Bezeichnung	Prozent	Euro
Listeneinkaufspreis		444,44
- **Ra**batt	25	-111,11
= **Zi**eleinkaufspreis		333,33
- **Sko**nto	3	-10,00
= **Bar**einkaufspreis		323,33
+ **Be**zugskosten		+16,67
= **Be**zugspreis		340,00

Man kann sich die Reihenfolge merken über folgende Brücke:

Lira Zisko bar BeBe

Überlegungen

In vielen Fällen werden die Angebote verglichen, um den preisgünstigsten Anbieter zu ermitteln. Aber der Günstigste ist nicht immer der Beste. Es zählen auch:

- ► gelieferte Qualität
- ► Liefertermin (Flexibilität)
- ► Liefertreue
- ► Mindestabnahmemengen
- ► Abrufaufträge möglich?
- ► Gegengeschäfte
- ► Liefererentfernung (D - Europa - Übersee?)
- ► Liefersicherheit
- ► QS-zertifiziert?
- ► Öko-Ansprüche erfüllt?

Bezugskalkulation
Angebotsvergleich: Angebote

Lichterketten Eddi Dussel

Angebot
Sehr geehrte Frau Lavendel,
gern bieten wir Ihnen aufgrund Ihrer Anfrage folgende Lichterketten freibleibend an:

Pos	Bestell-nummer	Artikelbeschreibung	Preis pro Stück €
1	1265	LED Mini-Lichterkette - Indoor 10-teilig-warmweiß-Kabel grün-Länge 2,75m-Gewicht 1 kg	3,60
2	3399	LED Lichterkette in/out mit 80x Warmweiß - 25,40m - Kabel grün - Gewicht 4,5 kg	17,30

Alle Preise zuzüglich 19 % Umsatzsteuer.
Zahlungsbedingungen: 2 % innerhalb 10 Tagen, 30 Tage netto
Lieferzeit: 4 Tage - Transportkosten: pauschal 125,- €
Rabatt: ab 1.000 € Netto-Warenwert 2 % - ab 1.500 € - 4 %

Wir würden uns freuen, wenn Ihnen unser Angebot zusagt......

Leuchten Lucia Lichter

Angebot
Sehr geehrte Frau Lavendel,
hier ist unser Angebot über verschiedene Lichterketten im Indoor- und Outdoor-Bereich:

Pos	Artikel-nummer	Artikelbezeichnung		Preis pro Stück €
1	8652	LED Mini-Lichterkette - Indoor		3,90
		10-teilig-warmweiß-Kabel grün-	ab 100	3,70
		Länge 2,85m-Gewicht 1,1 kg	ab 500	3,40
2	2347	LED Lichterkette Outdoor mit		21,30
		80x Warmweiß - 26,10m -	ab 50	19,90
		Kabel grün - Gewicht 5 kg	ab 100	18,10

Auf die Preise müssen 19 % MwSt gerechnet werden!
Wir liefern innerhalb von 10 Tagen frei Haus!
Zahlungsbedingungen: 4 % bei Zahlung innerhalb von 8 Tagen, sonst netto innerhalb von 60 Tagen.

Wir freuen uns auf Ihre Bestellung! .....

Bezugskalkulation

Angebotsvergleich: Berechnung

für eine Bestellung über 100 Stück LED-Indoor und 50 Stück LED-Outdoor

Angebot Lichterketten Eddi Dussel		
Bezeichnung	**Prozent**	**Euro**
Listeneinkaufspreis		
Pos 1 - 100 Stück zu 3,60 €		*360,00*
Pos 2 - 50 Stück zu 17,30 €		*865,00*
zusammen		1.225,00
- **Ra**batt	2	24,50
= **Zi**eleinkaufspreis		1.200,50
- **Sko**nto	2	24,01
= **Bar**einkaufspreis		1.176,49
+ **Be**zugskosten		125,00
= **Be**zugspreis		1.301,49

Angebot Leuchten Lucia Lichter		
Bezeichnung	**Prozent**	**Euro**
Listeneinkaufspreis		
Pos 1 - 100 Stück zu 3,70 €		*370,00*
Pos 2 - 50 Stück zu 19,90 €		*995,00*
zusammen		1.365,00
- **Ra**batt	---	0
= **Zi**eleinkaufspreis		1.365,00
- **Sko**nto	4	54,60
= **Bar**einkaufspreis		1.310,40
+ **Be**zugskosten	frei	0
= **Be**zugspreis		1.310,40

Wenn wir ausschließlich nach dem Preis gehen, werden wir bei Eddi Dussel bestellen. Wir können noch weitere Kriterien einfordern: ▶ gelieferte Qualität ▶ Liefererentfernung ▶ QS-zertifiziert? ▶ Öko-Ansprüche erfüllt? ▶ Haben wir gute/schlechte Erfahrungen? In jedem Fall aber sollten wir hier nachverhandeln. Wir rufen etwa Lucia Lichter an, um nachzufragen, ob sie noch etwas am Preis machen kann. Aber auch Eddi Dussel sollte angerufen werden, damit auch er noch z.B. bei den Bezugskosten runtergeht - oder aber beim Skonto höher. Möglicherweise handelt man auch über Nachfolgeaufträge mit dann bereits besseren Konditionen....

Eingangskontrolle

24

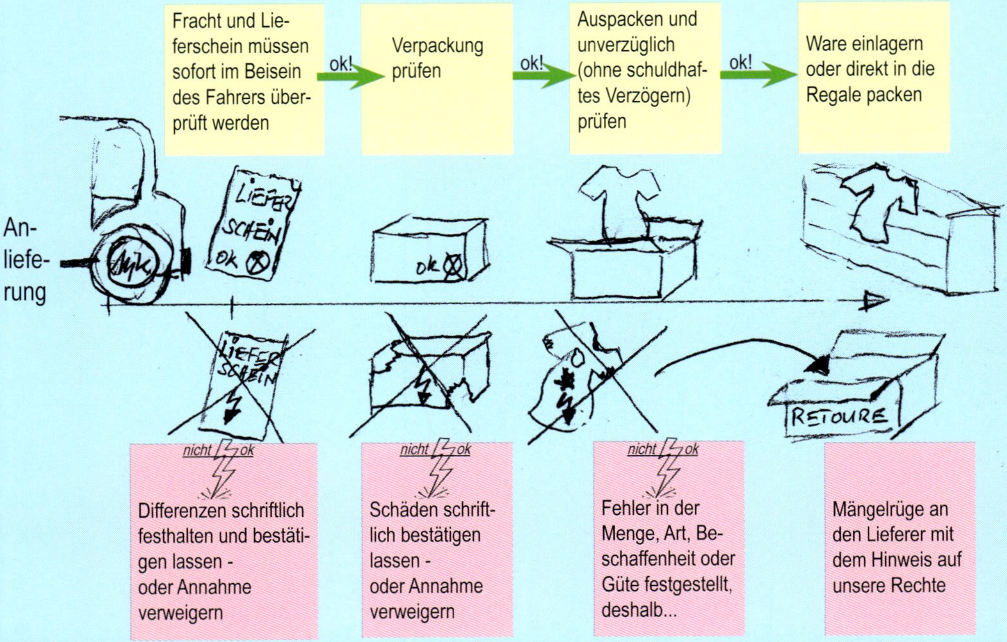

Mängelarten

Bezeichnung	Erkennbarkeit	Was tun?
– ***Mangel in der Menge*** = Quantitätsmangel => zu viel - zu wenig – ***Mangel in der Art*** = Gattungsmangel => es wird etwas anderes als bestellt geliefert – ***Mangel in der Qualität*** = Sachmangel => Sache verwendbar, hat aber Fehler – ***Mangel in der Beschaffenheit*** = Sachmangel => Sache beschädigt, verdorben, zerstört – ***digitaler Mangel*** gilt auch bei „Paketverträgen“ (wenn digitale Ware Hauptbestandteil ist)	– ***Offener Mangel*** => Mangel ist sofort erkennbar – ***Versteckter Mangel*** => wird erst später endeckt – ***arglistig verschwiegener Mangel*** => Fehler ist dem Verkäufer bekannt, wird aber von ihm bewusst verschwiegen	– *beim einseitigen HK hat der Käufer zwei Jahre Zeit für das Entdecken und Rügen für offene und versteckte Mängel* – *beim zweiseitigen HK muss das Prüfen und Rügen unverzüglich stattfinden* – *beim arglistig verschwiegenen Mangel muss unverzüglich nach Entdeckung innerhalb von drei Jahren gerügt werden*

Mangelhafte Lieferung (Schlechtleistung)

Mängelarten

- **Sachmängel**
  (Beschaffenheit, falsche Versprechungen, falsche Kennzeichnungen, falsche Montage, falsche Sache, zu geringe Menge, neu seit 2022: digitale Mängel, Inkompatibilität)
- **Rechtsmängel**
- **Erkennbarkeit**
  - offen
  - versteckt
  - arglistig verschwiegen

Pflichten des Käufers

- **zweiseitiger Handelskauf**
  - unverzüglich prüfen (unverzüglich = ohne schuldhaftes Verzögern)
  - unverzüglich rügen (arglistig: 3 Jahre)
- **einseitiger Handelskauf**
  - prüfen und rügen innerhalb von zwei Jahren

Rechte des Käufers

- **Nacherfüllung**
  (vorrangig)
  - Nachbesserung
  - Ersatzlieferung

danach (nachrangig):

- **Rücktritt vom Vertrag**
- **Minderung**
- **Schadenersatz**

Besonderheiten:
Beim einseitigen Handelskauf gilt nach der Kaufvertragsrechtsreform 2022 in den ersten 12 Monaten die Beweislastumkehr (VK muss beweisen, dass Gut ok war). Nach dem Produkthaftungsgesetz haften die VK auch für Schäden an Personen und Sachen

Bonitätsprüfung – Sicherung der Forderung

Infos über Bonitäten bei	Sicherungen	Erläuterung/Beispiel
1. Bankauskunft	» Vorkasse	▶ gängige Methode beim Internethandel, gut bei Erstgeschäften, unsicheres Ausland
2. Auskunfteien wie – Schufa	» Bankbürgschaft	▶ Avalkredit, die Schuldner-Bank ist Bürge
– Creditreform – CRIF	» Akkreditiv	▶ *siehe Dokumentenakkreditiv (eigene Seite)*
3. IHK 4. Handelskammern im Ausland	» Eigentumsvorbehalt	▶ einfacher ETV: Sache bleibt bis zur endgültigen Bezahlung Eigentum des G(läubigers) verlängerter ETV: Sache bleibt auch nach Weiterverkauf oder -verarbeitung Eigentum des G
5. Behörden bei Exportunsicherheit	» Sicherungsübereignung	▶ S(chuldner) wird Besitzer (z. B. Auto)[Maschine] - und kann damit fahren [produzieren], G wird Eigentümer (Brief bei der Bank)[Papiere bei der Bank]
6. Ausländische Konsulate	» Pfandrecht	▶ bei Immobilien: Hypotheken (gebunden an spezielle Forderung) und Grundschuld (ungebunden) - bei Mobilien übergibt der S dem G ein Pfand (z. B. Anteilpapiere an Dritten)
7. Bankauskunft der Schuldnerbank (geht nur mit Zustimmung des Schuldners)	» Bürgschaft	▶ Ausfallbürgschaft, so gut wie nie in der Wirtschaft selbstschuldnerische Bürgschaft - Bürge haftet wie der Schuldner, hat also keinen Anspruch darauf, dass der G erst zum S geht. Juristisch heißt das, der Bürge habe „keine Einrede zur Vorausklage“.
	» Abtretung/Zession	▶ Der S tritt Rechte wie z. B. Lebensversicherungen an den G ab. Bei der Zession tritt der S seine Forderungen an den G (Bank) ab. Weiß davon jeder, ist das eine offene Zession, sonst eine stille Zession.
8. Internet - ‚googlen‘ - Zeitungsberichte beachten!	» Versicherungen	▶ private Kreditausfallversicherungen oder auch staatliche (sog. Hermes-Deckung) bei besonderen Auslandsgeschäften
	» Exportfactoring	▶ Verkauf der Forderung z. B. an die Bank, die nach entsprechenden Abschlägen auch das Risiko des Zahlungseingangs übernimmt
	» Forfaitierung	▶ Verkauf der Forderung wie oben, Länderranking treibt Zinsen nach oben und unten

Annahmeverzug (Nicht-Rechtzeitig-Annahme) *(vereinfacht)*

Voraussetzungen	Folgen des Verzuges	Rechte des Verkäufers
1. **Käufer verweigert die Annahme – er nimmt Ware nicht an,** » die von ihm bestellt war, » zur rechten Zeit geliefert, 2. **= Fälligkeit** » an den rechten Ort gebracht wurde » und keine Mängel aufweist 3. **= tatsächliches Angebot der Lieferung** Dabei ist ein Verschulden nicht erforderlich.	Der Verkäufer haftet nur noch für Vorsatz und grobe Fahrlässigkeit, wenn an dem Kaufobjekt Schäden entstehen.	1. **Auf Abnahme klagen** (bei eigens für den Käufer produzierten oder schwer zu veräußernden Artikeln) 2. **Waren einlagern** auf Kosten und Gefahr des Käufers *Mit Nachfrist:* 3. **Selbsthilfeverkauf** » durch ***freihändigen Verkauf*** (bei Börsen- oder Marktpreisen) » durch ***öffentliche Versteigerung*** bei beiden Mitteilung an den K über den Ort der Aufbewahrung, Androhung der Maßnahme und Nachfrist, Angabe über Termin und Ort des Verkaufs/Versteigerung » durch ***Notverkauf*** (bei leicht verderblichen Sachen – ohne Mitteilung) 4. **Rücktritt vom Vertrag**

Lieferungsverzug
(Nicht-Rechtzeitig-Lieferung)

Voraussetzungen	Rechte *wahlweise:*	Rechte beim Fixkauf
– nicht rechtzeitig geliefert ***oder*** schuldhaft nicht geliefert + Leistung noch möglich	– **Erfüllung**	– **Erfüllung** (aber: unverzügliche Mitteilung an den Verkäufer)
– **Mahnung** wenn Liefertermin ***NICHT*** kalendermäßig bestimmt, sonst Mahnung überflüssig	– **Erfüllung + Schadenersatz**	– **Rücktritt ohne Nachfrist** (ohne Rücksicht auf Verschulden)
– **Nachfrist** setzen für Rücktritt/Schadenersatz	– **Rücktritt vom Vertrag + Schadenersatz** (nach Nachfrist)	– **Schadenersatz** (bei Verschulden)
– **Verschulden** wenn höhere Gewalt, dann **keine** Rechtsfolgen	– **Schadenersatz** (nach Nachfrist)	*Möglichkeiten für Schadenersatz:* *konkret:* *berechenbar* *abstrakt:* *geschätzt (entgangener Gewinn)* *vertraglich:* *Konventionalstrafe*

Zahlungsverzug
(Nicht-Rechtzeitig-Zahlung) *(vereinfacht)*

Voraussetzungen	Rechte des Verkäufers	Schadenermittlung
1. Nichtzahlung trotz Fälligkeit 2. Mahnung - nicht erforderlich bei kalendermäßig bestimmten Terminen 3. Verschulden	1. Auf Vertrag bestehen = Erfüllung 2. Erfüllung + Schadenersatz 3. Vom Vertrag zurücktreten 4. Zurücktreten + Schadenersatz	• Zinsen ab Fälligkeit für zweiseitige Handelskäufe Basiszins Bundesbank* (07/2025 = 1,27 %) + 9 % sonst (1,27 %) + 5% • Verwaltungskosten • Mindererlös bei Weiterverkauf *ändert sich i.d.R. halbjährlich
Beispiele „kalendermäßig bestimmt“: zahlbar bis zum 15.07.2025 zahlbar bis Ende Juli 2025 zahlbar bis Mitte Juli 2025 zahlbar 14 Tage nach Rechnungsdatum	Beispiele „kalendermäßig unbestimmt“: zahlbar ab 15.07.2025 zahlbar sofort zahlbar 14 Tage nach Rechnungseingang	Der Kunde gerät automatisch 30 Tage nach Rechnungseingang in Verzug, wenn das Zahldatum unbestimmt war. Bei einseitigen Handelskäufen muss darauf besonders hingewiesen werden. Problematisch: Rechnungseingang muss bewiesen werden.

Verjährungsfristen ==> eigene Seite

Gewinn-Ermittlung

bei festem Listen<u>ver</u>kaufspreis (netto) und festem Listen<u>ein</u>kaufspreis (netto)

Bezeichnung	%	Euro	Berechnungen (* multiplizieren)(/ dividieren)	
Listeneinkaufspreis (netto)		**100,00**	100% ↔ 100,- € 10% ↔ x €	x = 10 * 100/100 = 10 €
- Lieferer-Rabatt	10	- 10,00		
= Zieleinkaufspreis		= 90,00		
- Lieferer-Skonto	3	- 2,70	100% ↔ 90,- € 3% ↔ x €	x = 3 * 90/100 = 2,70 €
= Bareinkaufspreis		= 87,30		
+ Bezugskosten 2,00 €/Stück		+ 2,00		
= Bezugs- (Einstands-)preis (netto)		= 89,30		
+ Handlungs(-gemein-)kosten	40	+ 35,72	100% ↔ 89,30 € 40% ↔ x €	x = 40 * 89,30/100 = 35,72 €
= Selbstkosten		= 125,02		
+ Gewinn [130,90 - 125,02 = 5,88]	4,7	5,88	125,02 ↔ 100%; 5,88 = x	x = 5,88 * 100/125,02 = 4,7 %
= Barverkaufspreis		= 130,90	100% ↔ 170,- € 20% ↔ x €	x = 20 * 170/100 = 34 €
+ Kundenskonto	3	- 5,10		
+ Vertreterprovision	20	- 34,00	100% ↔ 170,- € 3% ↔ x €	x = 3 * 170/100 = 5,10 €
= Zielverkaufspreis		= 170,00	100% ↔ 200,- € 15% ↔ x €	x = 15 * 200/100 = 30 €
+ Kundenrabatt	15	- 30,00		
= Listenverkaufspreis (netto)		**200,00**		

Erfüllungsort und Gerichtsstand (gesetzliche Regelung)

▶ Warenschulden sind immer Holschulden, Ware muss immer abgeholt werden, sonst fallen die Versandkosten stets dem Käufer zur Last.

Erfüllungsort ist immer am Sitz des Schuldners

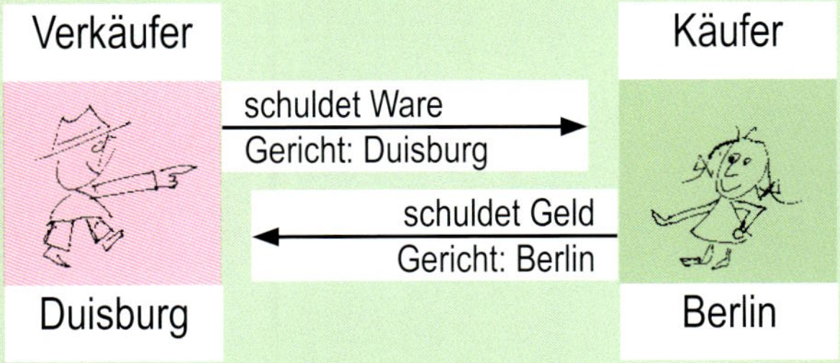

Gerichtsstand ist immer am Erfüllungsort

▶ Geldschulden sind immer Bringschulden, Geld muss auf Kosten und Gefahr des Käufers an den Verkäufer geschickt werden.

Mahnbescheide werden immer am eigenen Ort beim Amtsgericht beantragt. Legt der Schuldner Widerspruch ein, kann Klage eingereicht werden (Klagesumme bis 5.000 Euro* → Amtsgericht; Klagesumme über 5.000 Euro → Landgericht)
*Hinweis: Erhöhung auf 8.000 Euro geplant

Der **Gefahrenübergang** ist ebenfalls am Erfüllungsort. Das gilt nicht für Versendungskäufe (Fernabsatzgeschäft lt. BGB). Hier geht die Gefahr für den Käufer erst beim Empfang der Ware auf ihn über.

Reklamationen

Gründe	Auswirkungen	Was ist zu tun?
► Fehlerhafte Ware vom Lieferanten ► fehlerhafte Auszeichnung durch uns ► fehlerhafte, unsachgerechte Beratung durch uns ► schnodderige, überhebliche Beratung durch uns ► lustlose Beratung durch uns ► fehlerhafte Bedienung durch Kunden ► mangelnde technische Kenntnisse des Kunden ► mangelnde Lesefähigkeit des Kunden ► Kunde ist enttäuscht, seine Erwartung an das Produkt war höher ► Kunde ist Profi-Meckerer	► das Image des Unternehmens verschlechtert sich ► wenn EIN Kunde sich beschwert, verbreitet er dies an 20 andere ► wenn EIN Kunde zufrieden ist, verbreitet er das an nur 3 andere ► die Kosten der Reklamation sind nicht allein Grund, um sie am besten ganz zu vermeiden ► sondern die Auswirkungen auf die zukünftige Verhaltensweise des Kunden (und der durch ihn gewonnenen weiteren Kunden) sind oft nachhaltiger ► Mundpropaganda ist oft nicht messbar, hat aber dramatische Auswirkungen, positiv, aber leider noch schlimmer negativ	► Am besten ist die Vermeidung von Reklamationen ► durch ehrliche, sachgerechte Beratung, ► durch gutes Zuhören, ► durch bessere Kontrollen der eingekauften Produkte ► Verkäufer schulen ► Reklamationsmanagement einrichten ► Wenn Reklamation erfolgt: ► Reklamationsgrund durch freundliches Zuhören erkennen und dann beseitigen ► In jedem Fall den Kunden mit seinem Namen ansprechen ► Auch wenn der Kunde im Unrecht ist, ihn nicht wie einen Depp behandeln ► Aus einem reklamierenden Kunden einen zufriedenen, wiederkehrenden Kunden machen

Ermittlung des Listen-Verkaufspreises, des Kalkulationsfaktors, des Kalkulationszuschlages und der Handelsspanne

Berechnung des Verkaufspreises

Bezeichnung	%	Euro
Bezugs- (Einstands-)preis (netto)		500,00
+ Handlungs(-gemein-)kosten [100%→500 =>60%→x]	60	+ 300,00
= Selbstkosten		800,00
+ Gewinn [100%→800 =>8%→x]	8	+ 64,00
= Barverkaufspreis		864,00
+ Kundenskonto [72%→864 =>3%→x]	3	+ 36,00
+ Vertreterprovision [72%→864 =>25%→x]	25	+ 300,00
= Zielverkaufspreis		1.200,00
+ Kundenrabatt [80%→1.200,00 =>20%→x]	20	+ 300,00
= Listenverkaufspreis (netto)		1.500,00

Kalkulationsfaktor Kalkulationszuschlag Handelsspanne

$$\text{Kalkulationsfaktor} = \frac{\text{Listenverkaufspreis}}{\text{Bezugspreis}}$$

$$= \frac{1.500,00}{500} = 3$$

$$\text{Kalkulationszuschlag} = \frac{\text{Listenverkaufspreis - Bezugspreis}}{\text{Bezugspreis}} \cdot 100$$

$$= \frac{1.500 - 500}{500} \cdot 100 = 200\ \%$$

$$\text{Handelsspanne} = \frac{\text{Listenverkaufspreis - Bezugspreis}}{\text{Listenverkaufspreis}} \cdot 100$$

$$\text{Handelsspanne} = \frac{1.500 - 500}{1.500} \cdot 100 = 66,66\ \%$$

Ermittlung des Bezugspreises

mit Hilfe der Rückwärtskalkulation

Berechnung des Bezugspreises

Bezeichnung	%	Euro
= Listenverkaufspreis (netto)		1.000,00
- Kundenrabatt [100%→1.000,00 =>25%→x]	25	- 250,00
= Zielverkaufspreis		750,00
- Vertreterprovision [100%→750 =>8%→x]	8	- 60,00
- Kundenskonto [100%→750 =>3%→x]	3	- 22,50
= Barverkaufspreis		667,50
- Gewinn [120%→667,50 =>20%→x]	20	- 111,25
Selbstkosten		556,25
- Handlungs(-gemein-)kosten [140%→556,25 =>40%→x]	40	- 158,93
Bezugs- (Einstands-)preis (netto)		397,32

Warum Rückwärtskalkulation?

Meist kalkuliert der Händler vorwärts. Er kann eine Sache für x Euro bekommen und verkauft sie dann für die kalkulierten y Euro. Oft muss er aber auch überlegen, wie viel ein Gerät im Einkauf kosten darf, damit er mit seinen Kalkulations-Prozenten am Verkaufsmarkt noch mitspielen kann. Der Markt also gibt hier „seinen“ Preis vor, der Händler rechnet jetzt zurück, um herauszufinden, was dieses Gerät im Einkauf kosten darf. Ist der Einkaufpreis dann zu hoch, kann er

a. auf den Kauf verzichten
b. seinen Gewinnzuschlag herabsetzen oder
c. andere Einkaufsquellen finden.

Eigene Ergänzungen

Marketingziele

quantitative Ziele		qualitative Ziele	
Zielformulierung	Erwartung	Zielformulierung	Erwartung
Gewinnmaximierung	höchstmöglicher Gewinn	Qualität	bestmögliche Qualität der Produkte
Umsatzmaximierung	höchstmöglicher Umsatz	Zuverlässigkeit	bestmögliche Verhaltensqualität
Kostenminimierung	geringste Kosten auf allen Ebenen des Unternehmens	Schnelligkeit	zügige, zeitnahe, möglichst unverzügliche Bearbeitung eines Auftrages
Marktanteil-maximierung	Marktmacht so ausbauen, dass man in eine monopolartige Situation gelangt	optimaler After-Sales-Service	Kundenservice nicht mit Rechnungsausgleich beenden, sondern gerade ab hier für Reklamationen aber auch Kontakt ständig bereit stehen
Wachstums-maximierung	Wachstum durch Innovationen im Produktbereich, im Bereich der Ausdehnung (Osteuropa, Asien, Afrika, Nord- und Südamerika)	Kundentreue	‚Alte‘ Kunden immer wieder über Neues informieren, teilhaben lassen durch unsere Informationen, Kundenzeitschrift, Prospekte, Sonderangebote
Absatzmaximierung	Absatz = x (Umsatz = x*p), um damit den Markt zu ‚besetzen‘	Image	Bekanntheitsgrad - Corporate Identity/Image (etwa durch Public Relations) positiv gestalten
Komplettierung	...der Produktpalette (vertikal, horizontal, substitutional, komplementär)	Vertrauen	...in unsere Qualität, unsere Termintreue, unsere Nach-Kauf-Betreuung etc. schaffen
Kundenstamm-erweiterung	im vorhandenen Segment neue Segmente erobern	Risikostreuung	Risiko verteilen auf viele Produkte, Märkte, Segmente etc.

Marketing-Mix
with the 4 P's

Produktpolitik

Product

- P-Innovation (neu)
- P-Variation (Veränderung)
- P-Elimination (raus!)
- P-Differenzierung (z. B. jede Größe)
- P-Diversifikation (anderes, neues P)
- P-Gestaltung (Optik)
- Sortimentsgestaltung (tief/breit)
- Servicepolitik (After Sales)

Preispolitik

Price

Preis-Politik = Kontrahierungspolitik

Preisstrategie (hoch – niedrig)

Marktgewinnungs-Penetrations-Strategie

Abschöpfungs-Skimming-Strategie

Preisdifferenzierung:
- – zeitlich – räumlich – sachlich
- – Käuferschichten
- – Menge – Verwendung

Kommunikationspolitik

Promotion

- Werbung (wo, wann, wie, wen)
- Verkaufsförderung (Sales Promotion)
- Product-Placement (BMW in Krimi)
- Public Relations (für Unternehmen, nicht Produkt)
- Messen (IAW Köln ... und IHRE?)
- Directmarketing (anrufen, anschreiben, anfaxen)
- Couponing (Punkte sammeln)

Distributionspolitik

Place

direkt: Verkaufsniederl. z. B. Outlet

persönl. Direktverkauf (Staubsauger)

Telefonverkauf – E-commerce

indirekt: zwei- oder dreistufig

Kommissionsverkauf

Franchising (Verkauf über „Lizenznehmer")

Logistik (z. B. Spedition oder selbst)

Marktforschung

Primärforschung = Field Research	Sekundärforschung = Desk Research
Befragung (persönlich, telefonisch, schriftlich, EDV-gestützt) Beobachtung (auf dem Feld, im Labor) Experiment (Markttest, Storetest, Studiotest) Panelforschung (= personenidentische Mehrfachbefragung)	*Informationen aus/von:* Staatlichen Institutionen (Statistisches Bundesamt...) Websites Patenten Fach-Presse, Elektronische Medien (E-Zines) Fachbüchern, Dissertationen, Diplomen

Marktbeobachtung

Hier wird über einen <u>längeren Zeitraum</u>
→ die Marktentwicklung (‚Konjunktur' für einzelne Güter)
→ die Entwicklung der Konkurrenz
→ die Entwicklung unserer Anbieterseite
→ die Entwicklung des Käuferverhaltens beobachtet

Marktanalyse

Hier ist nur eine <u>punktuelle Untersuchung</u> des Marktes gemeint:
→ wie hoch ist mein Marktpotential für (neue) Produkte?
→ was macht die Konkurrenz?
→ gibt es Konkurrenzprodukte (Substitution)?
→ Zielgruppen-A, Wettbewerbs-A, Trend-A, Kaufkraft-A.....

Forschung selbst machen?

→ Fachwissen bleibt firmenintern
→ Ergebnisse bleiben firmenintern
→ mögliche Datenbestände bereits nutzen (Lieferer, Kunden)
→ Fragestellung richtig - oder eingefärbt?
→ Personal muss über langen Zeitraum freigestellt werden
→ bei Firmengründung unbedingt erforderlich

Forschung fremd vergeben?

→ teuer
→ Fachleute generieren geeignete Fragen
→ Fachleute werten die gewonnenen Daten sinnbringend aus
→ eigenes Personal wird für „erlernte" Tätigkeiten eingesetzt
→ klar definiertes Gebiet, eindeutiges Kundensegment, Pflichtenheft für Marktforschungsinstitut notwendig

Verkaufsförderung

Maßnahmen für Verkäufer	Maßnahmen für den Kunden	Grundvoraussetzungen
▶ Beteiligung am Umsatz (€ pro Mitarbeiter) oder Absatz (Stück pro Mitarbeiter) oder Kombination ▶ Wettbewerb untereinander mit tollen Preisen (Sonderurlaub, Wellnesswochenende, AIDA-Reise...) ▶ Produktprospekte, Handbücher, Informationsblätter ▶ Schulung durch Motivationstrainer und Verkaufsgenies ▶ Schulungen, die das „Wir"-Gefühl stärken (corporate identity) ▶ kurzfristige Produktschulungen durch den jeweiligen Hersteller ▶ innerbetriebliche Motivation durch Spitzenleistungen bei Urlaubstagen, Lohn...	▶ Rabattaktionen (damit die Kunden glauben, sie kämen an ein Schnäppchen) ▶ Zugaben (kommen der Sammelleidenschaft der meisten Kunden entgegen - und führen oft zu einem nicht geplanten Hauptkauf). Diese Zugaben können auch gern für die mitgebrachten Kinder sein, da diese auf eine Wiederholung des Einkaufs drängen. ▶ Sonderaktionen ▶ Gewinnspiele ▶ Tagesaktionen (z. B. Metro: NUR Samstag) ▶ Gutscheine verschicken (insbesondere an gelistete Kunden) für Waren, Produktgruppen oder auch für ein preiswertes Mittagessen ▶ Treueprämien für gelistete Kunden (Premium-Kunden) ▶ Verlosungen (mit Gewinngarantie und sofortiger Gewinnvergabe) ▶ Warenproben (wenn möglich auch mit Erstberatung) ▶ Werbung (Tageszeitungen, Anzeigenblätter, regionales Radio oder Fernsehen, eigene Verteilaktionen von Prospekten...) ▶ Wohlfühlatmosphäre durch Verkaufsraumgestaltung, Musik (oder auch nicht!), Platzierung, Ausruhgelegenheiten (Restauration), kostenfreie Trinkangebote (Wasserspender), gute Luft und helle Tageslichtsimulation	1. Jeder Kunde muss das Gefühl haben, in ein Geschäft zu kommen, in dem der Kunde wirklich wie ein König behandelt wird. 2. Dazu muss die innerbetriebliche Atmosphäre stimmen. Auseinandersetzungen zwischen Kollegen oder erkennbares Mobben sind Umsatzkiller. 3. Ein Lächeln auf dem Gesicht des Verkäufers ist das beste Verkaufsargument. 4. Ein anständiges Verhalten lockt und hält Kunden, kratzbürstiges Verhalten (herablassende oder barsche Sprache) oder erkennbar müdes Verhalten (Gähnen) sind Umsatzkiller.

Werbeplan

Reizmuster: **AIDA** → **A**ttention (Aufmerksamkeit) → **I**nterest (Interesse) → **D**esire (Verlangen) → **A**ction (Kauf)

Planteil	Frage ??	Inhalte - Erläuterungen - Beispiele
Werbender	WER	Allein? Mit Partnern? Als Konzernteil? Gemeinschaftswerbung (z. B. Deutsche Qualitätserzeugnisse)?
Welches Objekt bzw. Inhalt	WAS	Produkt (Audi Q7) - Produktgruppe (SUVs mit Q5, Q3) - Unternehmen AUDI (= public relations)
Ziel	WARUM	Platzierung eines neuen Produktes - Umsatzerhalt bei allen Produkten - Erinnerung an UNS - Abverkauf alternder Produkte
Zielgruppe /Streukreis Marktsegment	WEN	Personengruppe, die erreicht werden soll (Marktsegment Großhändler, Installateure, Architekten, Großmärkte etc.)
Ziel- Streugebiet	WO	Einzugsgebiet der Zielgruppe (Personen), die ich erreichen will (Stadt, Gebiet, Region, Land, Erdteil...)
Zeitraum - Streuzeit	WANN	Die Zeit wird limitiert (festgesetzt), damit die Aktion abgelöst werden kann von anderen Aktionen - und der Umworbene immer das Gefühl hat, er müsse sich beeilen.
Werbemittel/-träger	WOMIT	W-Mittel: Anzeigen, Fernsehspot, Banner, Plakat, Proben, Muster… W-Träger: Zeitungen, TV, Internet, Plakatwände, Verkehrsmittel…
Etat - Geldeinsatz	WIE VIEL	Das Budget ist vorgegeben und seine Wirkung wird kontrolliert durch z. B. Deckungsbeitrag, Cost per Lead = Kosten Werbung zu Anfragenanzahl, ABC/ XYZ-Analysen, Hitlisten-Analyse, Abweichungsanalysen, Regressionsanalysen

Serviceleistungen

auf den ***Kunden*** bezogen	auf die ***Ware*** bezogen	auf die ***Zahlung*** bezogen	auf ***Informationen*** bezogen
▶ Parkplätze (ausreichend viel und hinreichend groß) ▶ Einkaufswagen (mit Kindersitz) ▶ Einkaufswagen für Großeinkäufe ▶ Toiletten (ausreichend und immer sauber) ▶ Umkleidekabinen (+Sitzgelegenheiten außen) ▶ Verpackungsservice ▶ Zustellung (Bringservice) ▶ Kundenkarten (Händlerausweis) ▶ Trinkvorrichtung (Wasser) ▶ Restaurant für Kunden (und Mitarbeiter)	▶ Anprobe ermöglichen ▶ Probeteile direkt an der Kabine auf Ständer einsammeln ▶ Produktvorführungen (Modenschau, Kochen mit...) ▶ Kostproben (Wein, Käse, Wurst, Süßes...) ▶ Ware „auf Probe“ mitgeben, damit der Kunde ausprobieren kann, ob etwa der Fernseher passt (hier ist das Rückgaberecht garantiert) ▶ Reparaturservice ▶ Montagehilfe ▶ Entsorgung Altgeräte	▶ Kredit- Finanzierungsangebote (Ratenzahlungen) ▶ Kostenvoranschlag ▶ Leasing-Angebote (Mietkauf-Angebote) ▶ Kreditkartenzahlung ermöglichen ▶ eigene Partnerbank-Karten anbieten ▶ Zahlung auf Rechnung ▶ bei Nichtgefallen: Ware zurück, Geld zurück ▶ Teilnahme an einem Bonuspunktesystem oder ganz eigenem System	▶ Kundenpost (Brief, Prospekt, Spezialangebote) ▶ Newsletter per E-Mail ▶ ständige Information über die eigene Website ▶ Do-it-yourself-Kurse ▶ Telefon- und Mail-Nachfragen zur Zufriedenheit mit Ware und Personal

Funktionen-Ziele-Vergleiche

Aufgaben des GH - SMART - Benchmarking

Funktionen des Großhandels	SMART-Methode	Benchmarking
→ Zeitüberbrückung: Zwischen der Herstellung und der Verwendung von Gütern gibt es Differenzen, die eine ***Lagerhaltung*** zwingend erforderlich machen (Büroartikel, ***Veredlungen***...) → Raumüberbrückung: große Verteilzentren (GH) versorgen kleinere Einheiten (EH) → Sortimentsbildung: Der GH stellt aus den unübersehbaren Angeboten Waren zusammen → Markterschließung: Wünsche der Endverbraucher zur Anpassung der Waren werden an Hersteller weitergegeben → Servicefunktion: z. B. Marktinformationen an EH weitergeben, verlängerte Garantien, Reparaturen... → Finanzierung: z. B. Zielgewährung (30 Tage oder mehr) oder Leasing...	**S** Ziele müssen spezifisch beschrieben werden: Wir wollen den größten Umsatz erreichen **M** eine messbare Größe wird vereinbart: Umsatz > 1.000.000 € **A** Wir erreichen das Ziel, indem wir attraktive Wege gehen **R** Wir formulieren das Ziel so, dass es auch realistisch bleibt **T** Der Zeitrahmen wird verbindlich festgelegt (terminiert)	Wir wollen uns vergleichen mit den anderen, insbesondere wollen wir wissen, wie weit wir noch vom Besten entfernt sind. Dabei vergleichen wir Produkte, Dienstleistungen, Methoden, Prozesse. Stellen wir etwa fest, dass beim Branchenprimus 55 %, bei uns aber 70 % Handlungskosten anfallen, dann untersuchen wir die Ursachen und versuchen Fehler zu finden und abzustellen. Die Daten für einen derartigen Vergleich kommen in der Regel aus der Sekundärforschung, seltener auch aus einer Marktanalyse. Beim Produkt-Benchmarking vergleicht man insbesondere dessen Funktion, dessen Kosten und dessen Zusatzleistungen. Meist werden diese Vergleiche von Controllern vorbereitet und von einem Absatzteam ausgewertet.

Stichwortliste Ausbildungs-Unternehmen
Vertrieb- und Kundenorientierung

Unternehmens-Website und Social Media als Werbekanäle	Für einen immer größeren Kundenkreis ist die Darstellung des Unternehmens über das Internet von entscheidender Bedeutung. Der Kundenkreis umfasst heute alle Generationen. Deshalb ist eine Website sowie der Auftritt in diversen Social Media Kanälen für das Corporate Identity durch die Aktualität oder Pfiffigkeit oder Übersichtlichkeit von großer Wichtigkeit. Der Internetauftritt muss möglichst täglich gepflegt werden, so dass die Kunden den Eindruck haben, in unserem Unternehmen geht es stets vorwärts.
Newsletter	Unter einem Newsletter versteht man einen elektronischen Informationsbrief mit Neuigkeiten, die wie eine Kundenzeitschrift wirken sollen. Diese Newsletter werden meist als Mail verschickt. Dabei haben sich die Empfänger entweder um diese Newsletter beworben (etwa über die Website) oder sie sind geworben worden und haben ihr Einverständnis erklärt.
Online-Verkauf dazu?	Bei dem immer größer werdenden Kundenkreis über das Internet ist es sinnvoll, über eine Ausweitung des Verkaufs nachzudenken, vielleicht einen Online-Shop zu eröffnen, der unsere Produkte anbietet und eine Bestellung ermöglicht. Beim Großhandel muss die Identifikation der Geschäftskunden Voraussetzung für künftige Vertragsabschlüsse sein. Einige Problembereiche sind dann neu zu konstruieren: z.B. die Bevorratung, die Auslieferung, die Zahlungsweise und die Retourenbehandlung.
QS-System einführen?	Wenn man seinen Ruf (seine Corporate Identity, sein Corporate Image) aufpolieren will, indem man möglichst fehlerfreie Ware anbietet, sollte der Hersteller unbedingt ein Qualitätsmanagement (QMS) eingeführt und es zu einem Testat nach ISO 9000ff geschafft haben. Dabei wurden dann Normen z.B. durch den TÜV geprüft. Auch der Großhandel wird verstärkt oder nur noch auf Produkte von Unternehmen zurückgreifen, die zertifiziert sind.
Tracking-System	Jeder kann seinen Standort über das GPS-System melden. Deshalb ist es einfach, eine Sache irgendwo ausfindig zu machen (z. B. im Geo-Tracking = Geo-Verfolgungssystem), wenn der Standort gemeldet wird. Dies wird heute etwa beim Paketdienst oder bei Speditionen oder argwöhnischen Ehepartnern angewandt.

Teamarbeit

„Team“ bezeichnet einen Zusammenschluss von mehreren Personen zur Lösung einer bestimmten Aufgabe oder zur Erreichung eines bestimmten Zieles. In einem Großhandelsunternehmen bezeichnet „Team“ die für einen bestimmten Zweck aus Mitarbeitern zusammengesetzte Arbeits- oder Verkäufergruppe.

Voraussetzungen	Vorteile	Nachteile
▶ Anpassungsfähigkeit ▶ Engagement ▶ Sprachverständnis ▶ Kommunikationsfähigkeit ▶ Kritikfähigkeit ▶ Menschenkenntnis ▶ Selbstdisziplin ▶ Toleranz	▶ Jeder Mitarbeiter bringt <u>seine</u> speziellen Fähigkeiten ein. ▶ Man lernt sich besser untereinander kennen. ▶ Dadurch wächst die gegenseitige Unterstützung und... ▶ ...die Identifikation der Mitarbeiter mit dem Unternehmen nimmt zu und... ▶ ...erzeugt ein WIR-Gefühl. ▶ Das wiederum hebt die Arbeitsmoral, die Arbeitszufriedenheit und ... ▶ ...verbessert das Unternehmensergebnis durch z.B. höhere Umsätze. ▶ Was der eine nicht kann, kann der andere, man arbeitet wie in einem Netzwerk. ▶ Bisher verborgene Talente werden gefördert und neue Ideen produziert. ▶ Jeder darf kreativ denken, ohne gleich negativ angesehen zu werden: Veränderungen werden möglich!	▶ "Viele Köche verderben den Brei" ▶ Man verlässt sich gern auf den anderen: „**T**oll, **E**in **A**nderer **M**acht's“ ▶ Aufgaben sind oft ungerecht verteilt ▶ Man kann alles auf den anderen schieben - mobben wird Mode ▶ Diskussionen können zu Streit führen ▶ Leistung und Verantwortung ist schwerer abzufordern ▶ Einer dominiert - die anderen folgen brav ▶ Schwächere verstecken sich gern ▶ Einer oder mehrere sind absolut nicht motiviert - keine Team kann dann erfolgreich sein! ▶ Neid und Missgunst können dazu führen, dass ein Team nur so gut ist wie das unmotivierteste, zänkischste, disziplinloseste Mitglied. ▶ Manchmal werden die ausgezeichnet, die am wenigsten für das Team getan haben

Ein-Linien-Leitungssystem mit Stabstelle

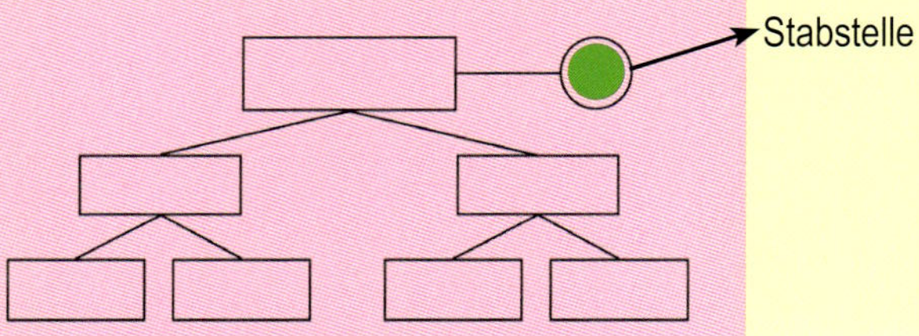

Die Linien-Systeme sind durch klaren Entscheidungsaufbau gekennzeichnet. Alle Anordnungen werden vertikal in der Betriebshierarchie von oben nach unten durchgegeben. Dabei ist ein Überspringen einer Instanz nicht zulässig. Gleichzeitig sind die Abteilungen auf einer horizontalen Ebene unabhängig voneinander und können sich gegenseitig auch keine Anweisungen geben.

Stabstellen stehen zur Unterstützung bestimmter Instanzen zur Verfügung. Sie sind beratend tätig und haben in der Regel keine eigenen Leitungsaufgaben.

Vorteile:

- einfach, klar, überschaubar
- eindeutige Kompetenzabgrenzung
- Instanzenweg wird bei notwendigen Anweisungen zwischen mehreren Abteilungen verkürzt
- qualifizierte Zuarbeit schafft Arbeitsentlastung und optimale Entscheidungsgrundlagen

Nachteile:

- langer Instanzenweg
- schwerfällig, in größeren Betrieben mangelnde Flexibilität
- Kompetenzüberschneidungen sind denkbar
- Überlastung der oberen Ebene
- Prozess bis zur Entscheidung wird verlängert
- Konflikte Stab-Linie

Andere Systeme: Sparten-Organisation (Food/Non-Food strikt getrennt), Matrix-Organisation bei längeren Entwicklungen

Brief – formales Muster

basiert auf Vordrucken letzter Prüfungen – fehlende Angaben unbedingt ergänzen!!!

Prüfungs GmbH & Co.KG

Prüfungs GmbH&Co.KG-Himmelsweg 11-
51766 Engelskirchen

notfalls ausfüllen

Kandidatin
Evi Schnell
Prinzessinnentrift 1
27476 Cuxhaven

notfalls ausfüllen

Ihr Zeichen:	von Evi
Ihre Nachricht vom:	Evis Anfragedatum
Unser Zeichen:	IHR Zeichen
Unsere Nachricht vom:	ältere Nachricht
Name:	IHR Name
Telefon:	IHRE Durchwahl
Telefax:	IHR/UNSER Telefax
E-Mail:	IHRE MAIL@prüfungsgmbh.de
Datum:	Heutiges Datum

Betreff: Kurzformulierung des Themas –
wenn möglich mit Lieferscheinnummer/Aktenzeichen

Absender anonym: Sehr geehrte Damen und Herren,
Absender bekannt: Sehr geehrte Frau Schnell,

kurz, knapp, präzise: Schilderung der Situation – Schilderung des Problems *bitte NICHT: bezugnehmend auf..., wenn's sein muss: wir nehmen Bezug. den sieht man aber am besten schon im Betreff*
klare Angaben über Mengen, Daten, Zeiten, Ort
Fristsetzungen bei Verzügen beachten
Vorschlag für eine Regelung
möglicher Hinweis auf Rechtsfolgen

kurze Sätze, kaum Nebensätze, keine Verschachtelungen
freundlicher, aber bestimmter Ton
KEINE gekünstelten Überleitungen zur Schlussformulierung.

Schlussformulierung: Mit freundlichen Grüßen, Mit freundlichem Gruß, Mit bestem Gruß

Unterschrift: i.A. IHR Name (KEINE Phantasie-Unterschrift, noch lesbar!)
(ohne i.A. werden Sie automatisch Geschäftsführer, selbst Prokuristen setzen ein ppa. vor den Namen)

Anlagen: Anlage 1, Anlage 2... nicht vergessen!

Handelsvertreter (selbstständig)

tritt auf: in fremdem Namen – für fremde Rechnung

Pflichten

- Benachrichtigung
- Sorgfalt
- Verschwiegenheit
- Aktivität
- Wettbewerbsverbot
  keine Konkurrenzartikel (Substitution) verkaufen, komplementäre Güter (Ergänzungsprodukte) oft nützlich.

Zusammenhänge

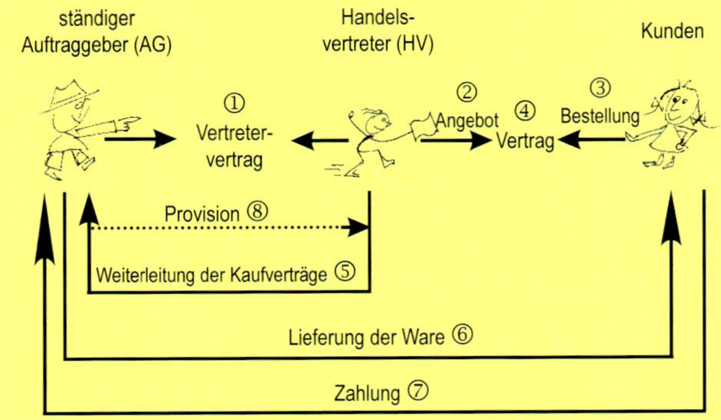

Rechte

- Unterlagen
- Benachrichtigung
- Provision auf Rechnungssumme
- Delkredere-Provision = P auf Übernahme des Zahlungsrisikos
- Ausgleichsanspruch = Abfindung für Folgegeschäfte

Einsatz: HV wird gern in einem ***neuen*** Vertriebsgebiet eingesetzt, da er bereits viele ***Verbindungen*** hat. Zudem hofft der AG auf die Arbeitsfreude, die in den Provisionen begründet liegt.

Der HV bringt ***keine Fixkosten*** mit sich.

ist *weisungsgebunden* als Angestellter seines Unternehmens

Pflichten	rechnerischer Vergleich HV – Reisender	Rechte
▶ vermitteln ▶ abschließen ▶ berichten ▶ abrechnen ▶ Kunden beurteilen ▶ Kunden pflegen ▶ Konkurrenz beobachten	Beispiel: Ein Handelsvertreter (HV) erhält 4 % Provision, ein Reisender ein monatliches Fixum von 3.000,- Euro zuzüglich 1 % Provision. Ab wann ist der Reisende günstiger? Ansatz: Kosten HV = Kosten Reisender 4 % U (vom Umsatz) = 12 · 3.000 + 1 % U (vom Umsatz) / – 1 % U 3 % U = 36.000 / : 3 % (3/100), also · 100/3 U = 1.200.000 Antwort: Ab einem Umsatz von mehr als 1.200.000 Euro wird der R günstiger. 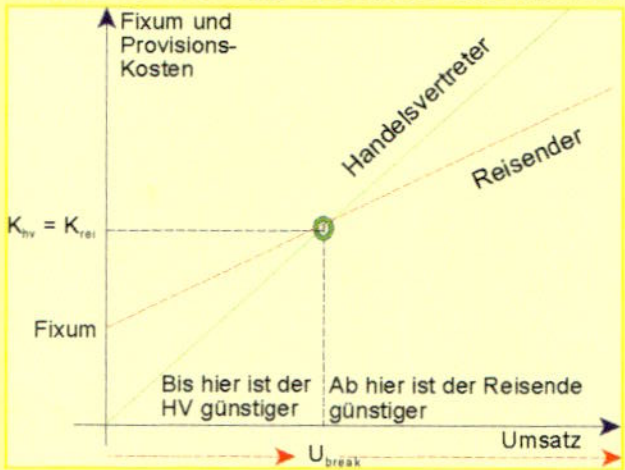	▶ Fixum (Gehalt) ▶ evtl. Umsatzprovision ▶ Spesenersatz ▶ Inkasso-Vollmacht ▶ alle sonstigen Rechte eines Angestellten (z.B. Urlaub, Lohnfortzahlung, Kündigungsschutz, tariflich vereinbarte Leistungen)

Einsatz: Wenn systematische Kundenbetreuung notwendig ist • wenn ein Produkt eingeführt ist • wenn ein fester Kundenstamm vorliegt • wenn man Wert legt auf ständige Schulung für Neuentwicklungen • wenn man über das Berichtswesen eine ständige Konkurrenz- und Marktbeobachtung anstrebt • wenn man engen Kontakt zu seinen Kunden halten will oder Beschwerden schon vor Ort abfangen kann

Der Kommissionär (selbstständig)

verkauft in eigenem Namen gegen Provision - für die Rechnung eines Autraggebers

Unsere Pflichten

- Sorgfältig mit den fremden Sachen umgehen
- Verkaufte Sachen dem Auftraggeber anzeigen
- Rechenschaft ablegen über Zahlungen und Provisionen

Unsere Rechte

- Provisionen direkt von den Zahlungen abziehen
- Aufwandersatz für Lagerkosten berechnen
- Zurückbehalten der Ware, wenn Forderungen offen

Zusammenhänge

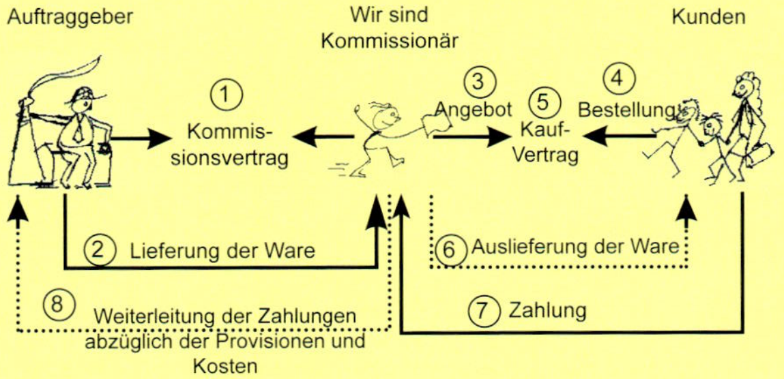

Unsere Vorteile

- Wir vergrößern unser Sortiment ohne Risiko, denn was nicht verkauft wird, geht zurück
- Wir zahlen die Kommissionsware erst nach dem Verkauf UND ziehen sofort unsere Provisionen ab.
- Die Liefer-, Rücksende- oder Lagerkosten zahlt der Auftraggeber

Unsere Nachteile

- Wir stellen Platz und Know-How günstig zur Verfügung

Anmerkungen: Der Kommissionär (WIR) stellt dem Auftraggeber ein fertiges Verkaufssystem zur Verfügung, denn WIR kennen die Kunden und die Absatzmöglichkeiten. Dafür können wir relativ lange (ein halbes bis zum ganzen Jahr) mit dem Geld aus den Verkäufen arbeiten - und brauchen dann erst abzurechnen - unter Abzug der Provisionen und der Kosten

Spediteur oder eigener Fuhrpark (LKW)?

Vorteile eigener Fuhrpark (LKW)

- Flexibilität
- optimale Anpassung an Kundenbedürfnisse
- ständige Verfügbarkeit
- alle Daten bleiben firmenintern
- Lieferprioritäten können täglich neu entschieden werden
- Die Spedition muss viele Kunden betreuen, hat also ein ständiges Lieferprioritätsproblem
- Die Spedition muss Rücksicht auf Kunden für die Rückwegladung nehmen
- Wir behalten ein möglicherweise vorhandenes Fuhrpark-Know-how
- Werbefläche automatisch

der rechnerische Vergleich erfolgt in Prüfungen immer über:

Kosten (eigen) = Kosten (fremd)

$$K_{fix} + K_{variabel} = K_{fremd}$$

Typische eigene <u>FIXE</u> Kosten	eigene <u>VARIABLE</u> Kosten:
Steuern (KFZ) Versicherungen kalkulatorische Zinsen kalkulatorische Abschreibung	Personalkosten direkt anteilige Verwaltungskosten Kraftstoff Reparaturkosten Inspektionskosten LKW-Maut Spesen der Fahrer

Beispielaufgabe

fixe Kosten 30.600 € variable Kosten 1,50 €/km	Spediteur: Kosten 2,35 €/km

$K_{fix} + K_{variabel} = K_{fremd}$

$30.600 + 1{,}50 \cdot x = 2{,}35 \cdot x \quad | - 1{,}50\,x$

$30.600 = 0{,}85 \cdot x \quad | : 0{,}85$

$\underline{x = 36.000\ [km]}$ → ab hier eigener LKW preiswerter als der Spediteur

Vorteile Spediteur

- Einkauf von logistischem und fuhrparkrelevantem Know-how
- schnelle Anpassung an Transport-Volumina
- Personalkosten und Personalrisiko werden auf den Spediteur verlagert
- Wartungs-, Hallen- und Ersatzfahrzeugkosten werden auf die Spedition verlagert
- Eigene LKWs dürfen nur im Werksfernverkehr eingesetzt werden. Es dürfen nur Güter transportiert werden, die für das Unternehmen selbst bestimmt sind oder von dort stammen. Leertransporte (z. B. auf dem Rückweg) sind die Folge

Exportrechnung

Vorgang	Euro/ $	Variante 1	Variante 2	Variante 3
Die hik & hak GmbH & Co.KG in Menden/Sauerland hat der 44-Ever LTD in Detroit ein Angebot über 55 Bagger-Katalysatoren zu einem Angebotspreis ab Werk für 1.250,- €/Stck gemacht. Die 44-Ever LTD bestellt mit der Maßgabe...		CIF Detroit gegen D/P zu liefern.	FAS Rotterdam gegen D/P zu liefern.	FOB Rotterdam gegen D/P zu liefern.
Folgende Daten liegen uns vor:				
Rechnungspreis 55 x 1.250		68.750,00 €	68.750,00 €	68.750,00 €
Fracht Menden - Rotterdam	250 €	+ 250,00 €	+ 250,00 €	+ 250,00 €
Seefracht Rotterdam - Detroit	900 €	+ 900,00 €		
Versicherung Rotterdam - Detroit	75 €	+ 75,00 €		
Verladekosten Rotterdam	135 €	+ 135,00 €		+ 135,00 €
Verladekosten Detroit	160 $			
Zoll Detroit	550 $			
		70.110,00 €	69.000,00 €	69.135,00 €
Kurs EUR - USD = 1,1103		77.843,13 $	76.610,70 $	76.760,59 $

11 Incoterms 2020 (gültig seit 01.01.2020 - vereinfacht)

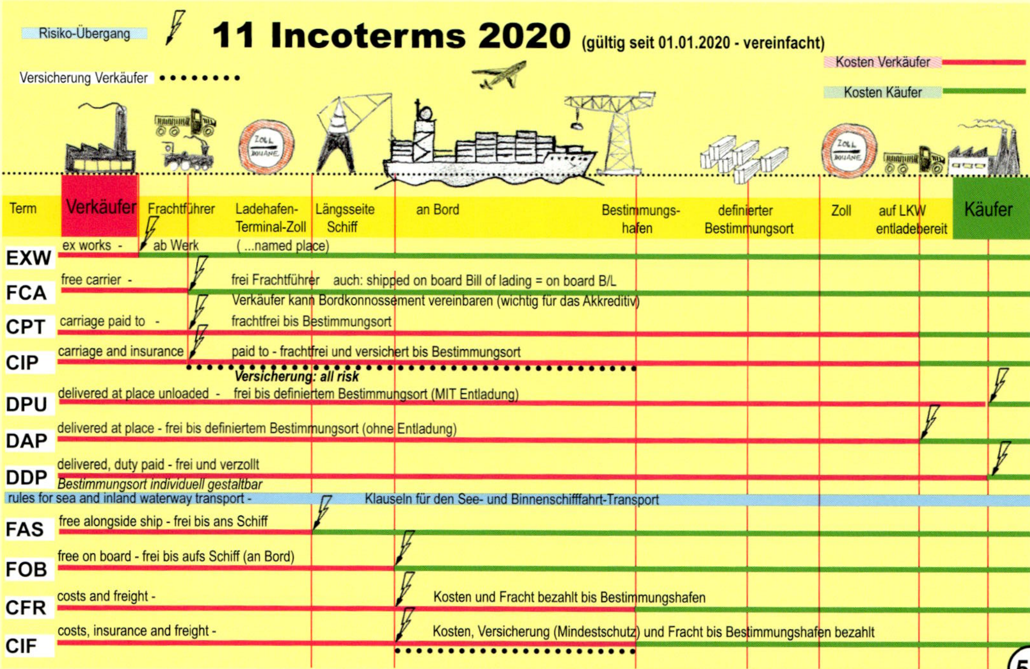

54

Incoterms 2020 (gültig seit 2020, prüfungsrelevant seit 2021)

Klausel	Erläuterung	Transport-Versicherung	Ausfuhr-Abfert.	Einfuhr-Abfert.	Gefahr von V auf K	Kosten von V auf K
EXW (ex works)	Ab Werk / ... benannter Lieferort (z. B. Lager)	-	K	K	Lieferort	Lieferort
FCA (free carrier)	Frei Frachtführer/ ...benannter Lieferort (Übergabe an den ersten Frachtführer) (Käufer zahlt den Haupttransport) auch: on board B/L	-	V	K	Lieferort → Ü an 1. FF	Lieferort
CPT (carriage paid to)	Frachtfrei /... benannter Bestimmungsort (Ort der Übergabe an den ersten Frachtführer) (Verkäufer zahlt den Haupttransport)	-	V	K	Lieferort → Ü an 1. FF	Best-Ort
CIP (carriage and insurance paid to)	Frachtfrei versichert /... benannter Bestimmungsort (Ort der Übergabe an den ersten Frachtführer) (Verkäufer zahlt den Haupttransport)	V mind. Wert + 10%=110%	V	K	Lieferort → Ü an 1. FF	Best-Ort
DPU (delivered at place unloaded)	Geliefert Bestimmungsort im Bestimmungshafen/-ort (Verkäufer zahlt den Haupttransport)	-	V	K	Best.Ort → W ist entladen	Best.Ort → W ist entladen
DAP (delivered at place)	Geliefert benannter Bestimmungsort (Verkäufer zahlt den Haupttransport)	-	V	K	Best-Ort → W ist entladebereit	Best-Ort → W ist entladeber.
DDP (delivered duty paid)	Geliefert verzollt / ... benannter Bestimmungsort (verzollt, versteuert)	-	V	V	Best-Ort → W ist entladebereit	Best-Ort → W ist entladeber.
FAS (free alongside ship)	Frei Langsseite Schiff / ... benannter Verschiffungshafen (Käufer zahlt den Haupttransport)	-	V	K	Verschiffungs-hafen	Verschiffungs-hafen
FOB (free on board)	Frei an Bord / ... benannter Verschiffungshafen (Die Ware wird an Bord geliefert) (Käufer zahlt den Haupttransport)	-	V	K	An-Bord-Lie-ferung	An-Bord-Lie-ferung
CFR (costs and freight)	Kosten und Fracht / ... benannter Bestimmungshafen (Die Ware wird an Bord geliefert) (Verkäufer zahlt den Haupttransport)	-	V	K	An-Bord-Lie-ferung	Best-Hafen
CIF (costs, insurance and freight)	Kosten, Versicherung und Fracht /... benannter Bestimmungshafen (Die Ware wird an Bord geliefert) (Verkäufer zahlt den Haupttransport)	V mind. Wert + 10%=110%	V	K	An-Bord-Lie-ferung	Best-Hafen

Abkürzungen: K = Käufer, V = Verkäufer, Abfert. = Abfertigung, Best-Ort = Bestimmungsort, Best-Hafen = Bestimmungshafen, Ü = Übergabe, FF = Frachtführer

Dokumentenakkreditiv L/C (vereinfacht)

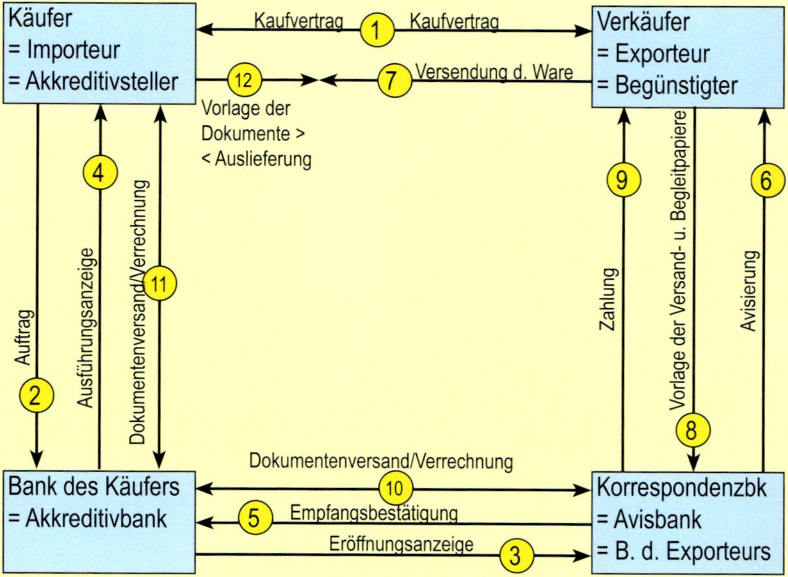

DA ist für beide Parteien sicher: Der K zahlt nur durch Absicherung mit Versanddokumenten, der V erhält sein Geld sicher bei unwiderruflichem, bestätigten A.

<u>unwiderrufliches A:</u>
ist die Regel! Widerrufliche (Bank des Importeurs kann A. verändern) Akkreditive bieten kaum Sicherheit.

<u>bestätigt/unbestätigt:</u>
bestätigt, wenn die 2. Bank zusätzlich die Zahlung garantiert = Regelfall
bestätigt: 2 Banken haften
unbestätigt: 1 Bank haftet

56

Dokumentenakkreditiv
Letter of Credit L/C

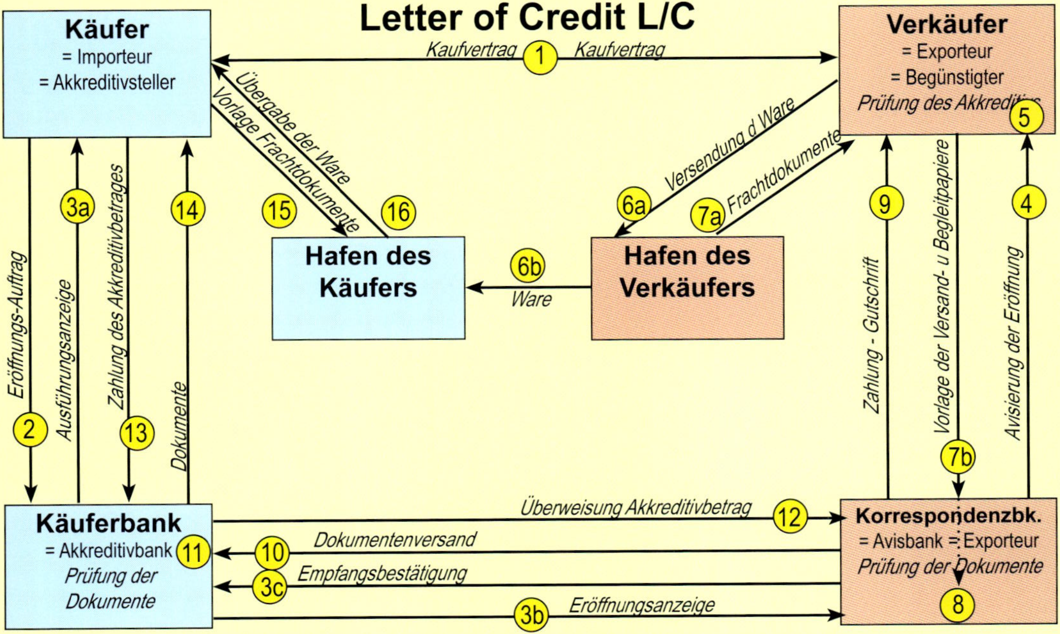

Dokumenteninkasso
Documents against payment D/P

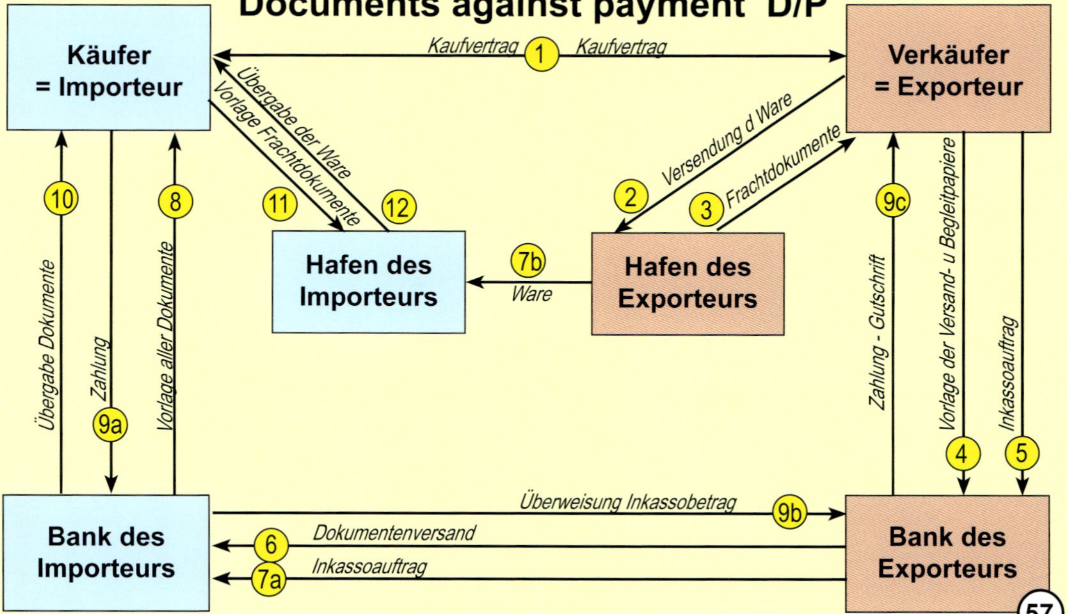

Dokumenten-Inkasso (D/P) ↔ Dokumenten-Akkreditiv (L/C)

Dokumenten-Inkasso → ‚Zug-um-Zug-Geschäft' → Bank übt treuhänderische Funktion aus	**D/P ↔ L/C**	**Dokumentenakkreditiv** → Bank gibt ein abstraktes Zahlungsversprechen, also losgelöst vom Warengeschäft (größter Vorteil!)
Dokumente: ▶ Transportdokument (Konnossement, Frachtbrief u.a.), ▶ möglicherweise Ursprungszeugnis, Handels-Rechnung, Konsulats- und Zollfaktura, Qualitätszertifikate, Packlisten, Versicherungsdokumente (CIF, CIP)		
▶ Zahlung erst frei gegen Aushändigung der Dokumente ▶ Hat der Exporteur seinen Vertrag nicht ordnungsgemäß erfüllt → Annahmeverweigerung möglich	Vorteile Importeur	▶ Pünktliche Lieferung gesichert ▶ Dokumente werden mehrfach geprüft ▶ Zahlung nur dann, wenn akkreditivkonforme Dokumente vorgelegt wurden
▶ Dokumente prüfen ▶ Ware darf erst NACH Zahlungsfreigabe geprüft werden	Nachteile Importeur	Die Lieferung kann - überhaupt nicht erfolgen - mangelhaft erfolgen
▶ Sicherheit, erst Zahlung, dann Dokumente	Vorteile Exporteur	▶ Zahlung erfolgt unabhängig vom Warengeschäft, wenn akkreditivkonforme Dokumente vorgelegt wurden, dann ▶ kein Zahlungsrisiko, Warenannahmerisiko, Verwertungsrisiko, Rücktransportrisiko
▶ Zahlung nicht grundsätzlich abgesichert ▶ Rücktransport? Verwertung?	Nachteile Exporteur	▶ Akkreditivbank (Bank des Importeurs) wird insolvent ▶ Dokumente sind nicht akkreditivkonform
▶ Vertrauensverhältnis zum Importeur muss bestehen, weil keine Pflicht zur Warenabnahme besteht	Besonderheiten	▶ unbestätigtes Akkreditiv: Nur die Bank des Importeurs verpflichtet sich zur Zahlung ▶ bestätigtes Akkreditiv: Auch Bank des Exporteurs verpflichtet sich zur Zahlung

Risiken im Export
Zahlungsabsicherungen

Risiken im Export	Erläuterung	Zahlungsabsicherungen
Transportrisiko	Solange die Ware noch nicht beim Kunden ist, tragen wir das Risiko des „zufälligen Untergangs“ (also: Versichern!)	Vorauszahlung - Vorkasse = kein Zahlungsrisiko Anzahlung = gemindertes Zahlungsrisiko
Währungsrisiko	z.B. Veränderung des SFRanken ↔ € schlagartig	Fakturierung in Euro = kein Kursrisiko
ausländisches Recht	am besten UN-Kaufrecht (CISG) vereinbaren	Dokumentenakkreditiv (a.a.O.)
unterschiedliche Kapitalausstattung	GmbH (EK): D=25.000 € - Russland 200 € - Griechenland 2.400 €	Forfaitierung: Der Importeur stellt Sicherheit z.B. durch Bankaval auf Solawechsel. Der Exporteur verkauft seine Forderung abzüglich Zinsen (länderbonitätsabhängig) an seine Bank, die praktisch das Delkredere übernimmt
Zahlungsmoral	sehr unterschiedlich, Forderung in D läuft durchschnittlich 28, in Italien 105 und in Griechenland 140 Tage	
räumliche Distanz	Zeitablauf - Veränderungen bis Ankunft möglich - Untergang	Factoring: Exporteur schließt Rahmenvertrag mit seiner Bank ab, (fast) alle Forderungen werden global an die Bank abgetreten. Die Höhe der Abschläge richtet sich auch hier (wie beim Forfaitieren) nach der zu prüfenden Bonität. Einige Forderungen wird die Bank möglicherweise ganz ablehnen. Unterschied Forfaitierung-Factoring: Forfaitierung für einzelne, Factoring für alle Forderungen
Gerichtsstand	innerhalb EU: Einigung auf irgendein Gericht innerhalb EU, außerhalb EU: Vereinbarung beschränkt möglich	
Schwierigkeiten beim Inkasso	muss dem Recht des Import-Landes nachkommen	
gezielter Betrug	z.B. Briefkastenfirma	
Länderbonität	basiert auf einer Risikoanalyse (z.B. der Banken), die Grundlage etwa für Exportkreditversicherer ist	
politische Veränderungen	z.B. Bürgerkrieg, Unruhen, wechselnde Machthaber...	Devisentermingeschäft: Umtauschkurs für die Fremdwährung wird festgelegt. Dabei können beide Partner (Bank/Exporteur) gewinnen u. verlieren
Eigentumsvorbehalt	gilt nur zwischen deutschen Partnern, ansonsten Regeln des Fremdstaates	

Stichwortliste Außenhandelsgeschäft 1

Konnossement	Das Konnossement ist ein Schiffsfrachtbrief und Warenwertpapier. Es ist auch bekannt unter dem Begriff ‚Seeladeschein' oder mit dem englischen Ausdruck ‚Bill of lading (B/L)'. Der Versender übergibt dem Verfrachter eine Ware, für die er eine Bestätigung erhält, das Konnossement, also den Schiffsfrachtbrief. Mit diesem Konnossement kann gehandelt werden (Warenwertpapier). Die Übergabe der Ware wird hier durch die Übergabe des Konnossements ersetzt.
Informationen über die Lage im Land X	Diese Informationen können bei den IHKs, insbesondere aber bei den zuständigen Außenhandelskammern (AHKs) angefordert werden (z.B. Infos über Kasachstan über die Delegation der Deutschen Wirtschaft für Zentralasien in Almaty). Auch Versicherungen (Creditreform, SCHUFA u.a.) oder bekannte Partnerunternehmen geben Auskunft.
Transportdokumente	Frachtbrief (Luft-Bahn-Seefracht), Konnossement (See-Binnen), Orderlagerschein, Handelsfaktura, Ursprungszeugnis, Zollfaktura, Packliste, Gesundheitszeugnisse
Umrechnungen von € in Fremdwährung	Formel: **Betrag in Euro * Wechselkurs** Bsp.: 1 € = 1,1051 $ 444 € = 444 * 1,1051 = 490,66 $
Umrechnung von Fremdwährung in €	Formel: **Betrag in Fremdwährung : Wechselkurs** Bsp.: 1 € = 1,0699 sfr 555 sfr = 555 : 1,0699 = 518,74 €

Stichwortliste Außenhandelsgeschäft 2

Zollanmeldung	erfolgt in der Regel über die vom deutschen Zoll (zum Kauf) zur Verfügung gestellte Zollsoftware ATLAS (auch: ATL@S)(= **A**utomatisiertes **T**arif- und **L**okales Zoll-**A**bwicklungs-**S**ystem). Die Zollanmelddung ist praktisch eine „Steuererklärung“, die ergänzt wird durch Papiere wie Handelsrechnung, Frachtbrief wegen der zusätzlichen Lieferkosten und u. U. eines Ursprungszeugnisses. Die notwendigen Papiere werden elektronisch erfasst.
Supply Chain Management (Lieferketten-Analyse)	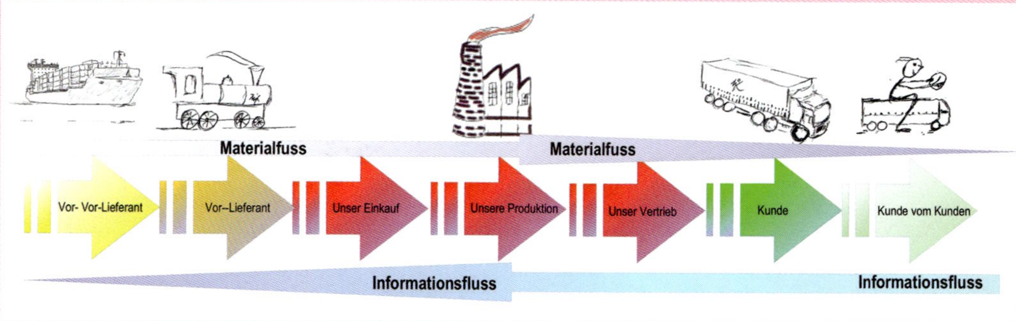

Stichworte aus dem Bereich Distribution

Infos über Mailing, TOT, Kundenzeitung, Hausmesse	Zum Service eines Unternehmens gehören ständige Informationen an seine Kunden. Die Infos sind heute leicht und preiswert über einen Newsletter per Mail an die Kunden zu schicken. Persönlicher sind eine Hausmesse, ein Tag der offenen Tür oder eine Kundenzeitung.
Spediteur	...bestimmt das Beförderungsmittel und den Beförderungsweg, wählt u.a. geeignete Frachtführer aus. Der Spediteur ist der „logistische Kopf“ für jedweden Transport. Er erhält dafür Provision und Aufwendungsersatz und hat ein gesetzliches Pfandrecht sowie ein Selbsteintrittsrecht als Frachtführer.
Frachtführer	...ist verpflichtet, Frachtgut zu Lande, auf Binnengewässern oder mit Luftfahrzeugen zu befördern und dort an den Empfänger abzuliefern. Dies muss er sorgfältig tun (Lieferfristen) und den Anweisungen des Auftraggebers folgen, zudem haftet er für Schäden. Er erhält die Fracht einschließlich der Begleitpapiere (Frachtbrief) und hat ein gesetzliches Pfandrecht.
Lagerhalter	Der Lagerhalter übernimmt die gewerbsmäßige Einlagerung und Aufbewahrung von Gütern. Der Lagerhalter erhält für das Einlagern die vereinbarte Vergütung, quittiert die Übernahme der Güter und verwahrt diese sorgfältig. Er hat ein gesetzliches Pfandrecht an dem eingelagerten Gut und haftet für Verlust oder Beschädigung daran.
Rackjobbersystem	Der Rack-Jobber ist z.B. ein Hersteller, der in Handelsbetrieben Regale anmietet und dort auf eigene Rechnung Waren anbietet. Dafür erhält der Handelsbetrieb Regalmiete und Umsatzprovision. Der Rack-Jobber kümmert sich um: Design, Präsentation, Pflege, Disposition und Auszeichnung der Ware.
Streckengeschäft = Dropshipping	 Beim Streckengeschäft wird der „Umweg“ der Lieferung über den Großhändler (GH) abgekürzt. Der Lieferant/Produzent (IND) liefert die Ware direkt an den Kunden K. Vorteil des GH: keine Lagerhaltung, keine Finanzmittel, da erst K zahlt und dann GH. Sehr häufig im Internetgeschäft vorzufinden.

BIP (Brutto-Inland-Produkt) - NIP (Netto-Inland-Produkt) - Volkseinkommen

prüfungsbezogene, schlichte, vereinfachte (!) Rechnungen

Reales und nominales BIP - Maastrichter Abkommen - Lohnquote - Neuverschuldung

Verwendungsrechnung

Brutto-Investitionen

\+ private Konsumausgaben

\+ staatliche Konsumausgaben

\+ Exporte

\- Importe

= Brutto-Inlandsprodukt (BIP)

\- Abschreibungen

= Netto-Inlandsprodukt (NIP)

Brutto-Inlandsprodukt (BIP)

\- Abschreibungen

= Netto-Inlandsprodukt

\- indirekte Steuern

\+ Subventionen

= Volkseinkommen

Reales - Nominales BIP:

Das nominale BIP berücksichtigt weder inflationäre noch deflationäre Veränderungen. Inflationäre Tendenzen erscheinen wie Wachstum. Auch die Veränderungen der Wechselkurse ($) werden nicht eingerechnet.

Beim realen BIP wird beides berücksichtigt.

Um in Europa das Ziel der Währungsstabilität zu gewährleisten, wurde die Neuverschuldung nach dem Abkommen von Maastricht auf 3 % des BIP und die Schuldenstandsquote auf 60 % des BIP begrenzt.

$$Lohnquote\,(in\,\%) = \frac{Löhne\ und\ Gehälter}{Volkseinkommen} \bullet 100$$

$$Neuverschuldung\,(in\,\%) = \frac{Staatsdefizit}{Bruttoinlandsprodukt} \bullet 100$$

Die Europäische Zentralbank (EZB) – Frankfurt...

...reguliert die Geldmenge

Ziele

- ▶ Preisniveaustabilität
- ▶ ausgeglichene konjunkturelle Entwicklung in jedem Land

Instrumente:

Offenmarktgeschäfte: EZB verkauft an die höchstbietenden Geschäftsbanken Geld. Damit wird bei großer Nachfrage das Geld teurer.

Ständige Fazilitäten: Banken können sich täglich bei der EZB über die Refinanzierungsfazilität Geld beschaffen oder über die Einlagefazilität Geld einlegen.

Devisenmarkt: Interventionen möglich, aber selten genutzt

Mindestreserve: Die Banken müssen bei der EZB Mindestreserven hinterlegen. Steigt MiRes, dann sinkt das Umlaufvolumen, damit wird die Konjunktur gedämpft, Geld stabiler

Aufgaben

- ▶ Geldpolitik
- ▶ Devisengeschäfte
- ▶ Portfoliomanagement der Währungsreserven
- ▶ Versorgung der Wirtschaften mit Geld

Verknappt die EZB die Geldmenge → weniger Nachfrage → konjunkturbremsend → deflationärer Effekt
Vergrößert die EZB die Geldmenge → mehr Nachfrage → konjunkturfördernd → inflationärer Effekt

Geldmengenpolitik der EZB

Mindestreservesatz ↑ (↓ *entgegengesetzt)*	Refinanzierungssatz ↑ (↓ *entgegengesetzt)*	Offenmarktpoltik (An- und Verkauf)	Fazilitäten
Eine Erhöhung des Mindestreservesatzes löst folgende Reaktionen aus: → Die Banken können von ihren Einlagen einen geringeren Teil als Kredite an Unternehmen und Privatpersonen vergeben. → Die wirksame Nachfrage wird geringer. → Ein geringerer Geldumlauf dämpft die Inflation, weil die wirksame Nachfrage sinkt. → Da weniger Geld für Kredite zur Verfügung steht, steigt der Zins. → Höhere Zinsen dämpfen das Wirtschaftswachstum. → Bei höherem Zinsniveau wird mehr gespart und weniger konsumiert und investiert. → Höhere Zinsen führen zu Kapitalimporten und damit zu einer Aufwertung der eigenen Währung → Aufwertungen dämpfen Inflation und Wirtschaftswachstum zusätzlich.	Eine Erhöhung des Refinanzierungssatzes löst diese Reaktionen aus: → Es wird für die Banken teurer, sich bei der Notenbank mit Geld zu versorgen → Sie geben die gestiegenen Kosten an ihre Kunden weiter. → Dadurch werden weniger Kredite vergeben → und der Geldumlauf sinkt. → Ein geringerer Geldumlauf dämpft die Inflation. → Höhere Zinsen führen zu Kapitalimporten und damit zu einer Aufwertung der eigenen Währung. → Aufwertungen wiederum dämpfen Inflation und Wirtschaftswachstum zusätzlich.	Ein Kauf von Offenmarktpapieren durch die EZB bewirkt Folgendes: → Werden von der Zentralbank Wertpapiere am offenen Markt gekauft, ist eine Vergrößerung der Geldmenge in der Volkswirtschaft die Folge, da für den Ankauf den Banken mehr Geld zur Verfügung gestellt wird. → Steht mehr Geld für die Kreditvergabe zur Verfügung, sinken tendenziell die Zinsen, die Kredite werden billiger. → Niedrigere Zinsen kurbeln die Wirtschaft an → Niedrigere Zinsen führen zu Kapitalexporten und damit zu einer Abwertung der eigenen Währung. → Abwertungen steigern Inflation und Wirtschaftswachstum zusätzlich. → Durch die vergrößerte Geldmenge wird die wirksame Nachfrage also größer → und wirkt damit inflationsfördernd. → Der Verkauf von Wertpapieren seitens der Zentralbank verteuert dagegen Kredite und bewirkt eine Verringerung der Geldmenge → und wirkt somit inflationshemmend.	Eine Fazilität (von lat. facilitas = Leichtigkeit) ist die von einer Bank ihren Kunden eingeräumte Möglichkeit, innerhalb festgelegter Grenzen kurzfristig Kredite in Anspruch zu nehmen oder Guthaben anzulegen. Der Begriff wird besonders im Zusammenhang mit Zentralbankfazilitäten gebraucht, die Zentralbanken den Geschäftsbanken einräumen, indem sie für diese Über-Nacht-Liquidität bereitstellen und abbauen. Die Europäische Zentralbank (EZB) bietet zwei ständige Fazilitäten an, deren Volumen - abgesehen von den geforderten Sicherheiten bei der Spitzenrefinanzierungsfazilität - nicht begrenzt ist: Wirkung wie beim Refinanzierungssatz

Die EZB reguliert die Geldmenge ►Konjunktur ►In- und Deflation

Die EZB vermehrt Geld auf dem Markt durch:	Die EZB verknappt Geld auf dem Markt durch: ↓
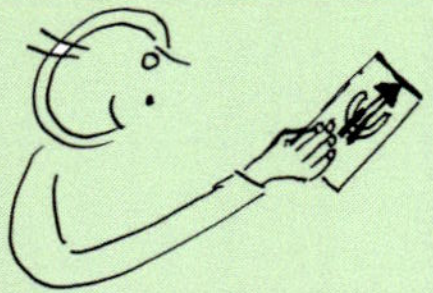	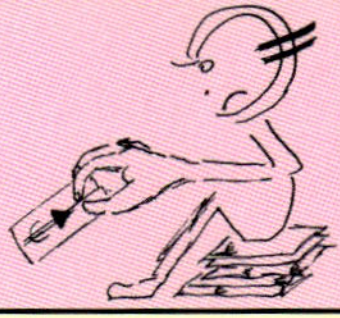
► Senkung der Leitzinsen ► Senkung der Einlagefazilitäten (Guthabenzins) ► Senkung der Refinanzierungsfazilitäten (Kreditzins) ► Senkung der Mindestreserve *(Banken haben mehr Geld → können mehr Kredite vergeben)* ► Ankauf von Wertpapieren (Offenmarktpolitik) *(Durch den Ankauf gibt die EZB Euros auf den Markt)*	► Anhebung der Leitzinsen ► Anhebung der Einlagefazilitäten (Guthabenzins) ► Anhebung der Refinanzierungsfazilitäten (Kreditzins) ► Anhebung der Mindestreserve *(Banken haben weniger Geld → können weniger Kredite vergeben)* ► Verkauf von Wertpapieren (Offenmarktpolitik) *(Durch den Verkauf nimmt die EZB Euros vom Markt)*
Wirkung: Mehr Geld → mehr Nachfrage → bessere Konjunktur → mehr Arbeitsplätze **aber:** Mehr Geld → inflationäre Tendenz	**Wirkung:** Weniger Geld → weniger Nachfrage → Konjunkturabschwächung → weniger Arbeitsplätze **aber:** weniger Geld → Stabilitäts-Tendenz

Marktformen

Anbieter \ Nachfrager	viele	wenige	einer
viele	Polypol *Beispiele: Wochenmarkt, Gebrauchtwagenmarkt, Supermarkt, Arbeitsmarkt*	Nachfrageoligopol *Großmolkereien ↔ Bauern*	Nachfragemonopol *olivfarbene Gefechts-unterwäsche ↔ Bundeswehr*
wenige	Angebotsoligopol *Beispiele: Nachrüstkataly-satoren, Dieselpartikelfilter*	zweiseitiges Oligopol *Kerosin von Shell, Aral, BP o.ä. ↔ Fluggesellschaften*	beschränktes Nachfragemonopol *öffentlicher Kanal ↔ Tiefbauer*
einer	Angebotsmonopol *Staatliche Arbeitslosenver-sicherung ↔ Arbeitslose*	beschränktes Angebotsmonopol *patentgeschütztes Me-dikament ↔ begrenzter Krankenkreis*	zweiseitiges Monopol *Panzer von Krauss-Maffei--Wegmann ↔ Bundesre-publik*

Marktgleichgewicht - *aus der Sicht der Nachfrager*

Im Gleichgewicht ○ kaufen die Nachfrager alle Angebote und die Anbieter werden alle Kaufobjekte los. Beide Seiten sind zufrieden.

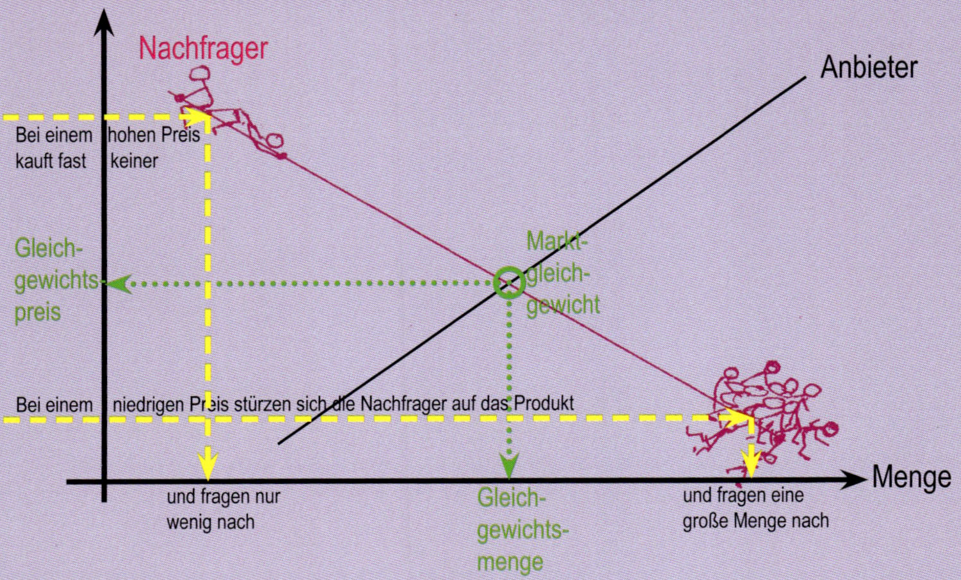

Marktgleichgewicht - *aus der Sicht der Anbieter*

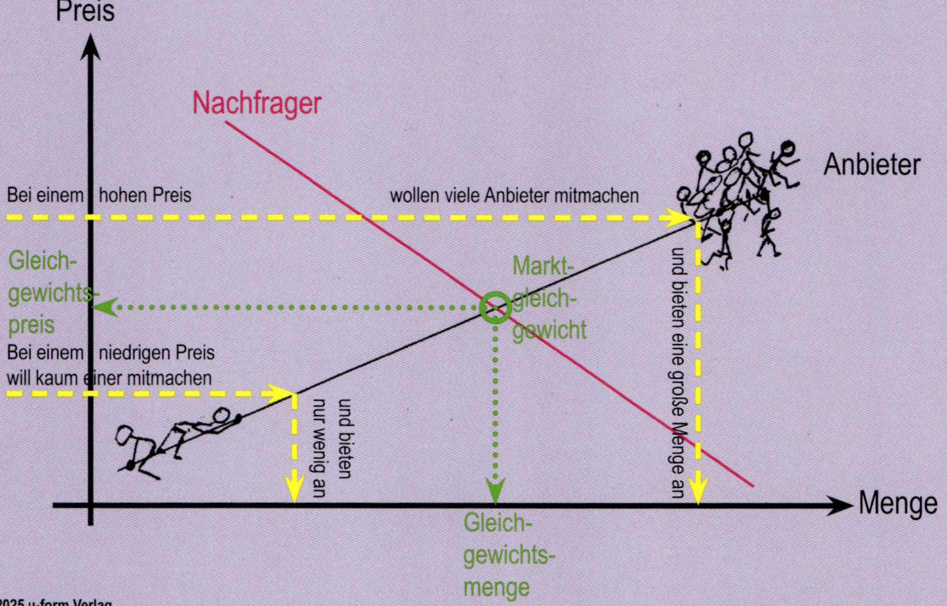

Berechnung des Gleichgewichtspreises

Nachfrager	Nachfrage-Menge	für maximal €	Nachfrage zusammen	Anbieter	Angebots-Menge	für minimal €	Angebote zusammen
N1	40	55	90 = 40 + 20 + 30, weil auch N2 und N3 für 55 € kaufen würden	A1	20	55	20
N2	20	60	50 = 20 + 30, weil N3 auch für 60 € kaufen würde	A2	30	60	50 = 30 + 20, weil A1 auch für 60 € verkaufen würde
N3	30	66	30	A3	45	66	95 = 45 + 30 + 20, weil A1 und A2 auch für 66 € verkaufen würden

Wenn N3 für 66 € kaufen würde, dann tut er das ganz sicher auch für 60 € - und für 55 € kauft jeder.
Fertigen Sie also in jedem Fall eine Spalte „zusammen“ auf Ihrem Prüfungsbogen an!
Rechnung: N-Mengen mit höchstem Max + N mit zweithöchstem Max +....+ N mit niedrigstem Max addieren

Wenn A1 für 55 € verkaufen würde, dann tut er das ganz sicher auch für 60 € - und für 66 € verkauft jeder.
Fertigen Sie also in jedem Fall eine Spalte „zusammen“ auf Ihrem Prüfungsbogen an!
Rechnung: A-Mengen mit niedrigstem Min + A mit zweitniedrigsten Min +....+ A mit höchstem Min addieren

Jetzt schauen wir nach, ob es bei der „Nachfrage zusammen“ und den „Angebote zusammen“ irgendwo eine Übereinstimmung gibt. Dies ist hier bei 50 und 50 gegeben. Somit liegt der Gleichgewichtspreis bei 60 €.

Käufer- und Verkäufermarkt

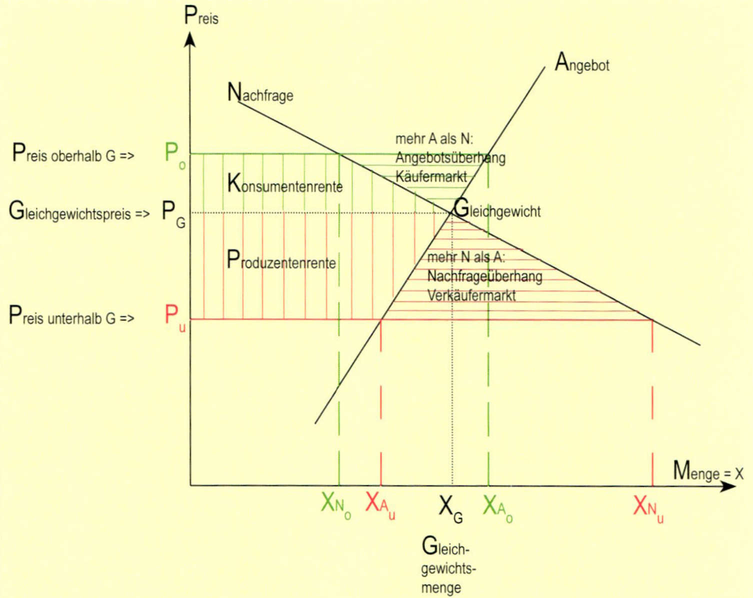

Das marktwirtschaftliche Gleichgewicht liegt immer im Schnittpunkt der Angebots- und Nachfragekurve.

Wird ein Gut etwa zu P_o angeboten, fragen die Nachfrager die Menge X_{No} nach, weit weniger als die Anbieter mit X_{Ao} anbieten. Durch diesen Angebotsüberhang ist der Käufer im Vorteil (Käufermarkt) und verschafft ihm eine ‚Konsumentenrente'.

Bei einem Preis unterhalb des Gleichgewichts hat der Verkäufer den Vorteil, dass auf sein Angebot von X_{Au} eine riesige Nachfrage mit X_{Nu} wartet. Jetzt hat er den Vorteil und erzielt hier auf dem Verkäufermarkt seine ‚Produzentenrente'.

Verschiebungen der Nachfrage (gesamt)

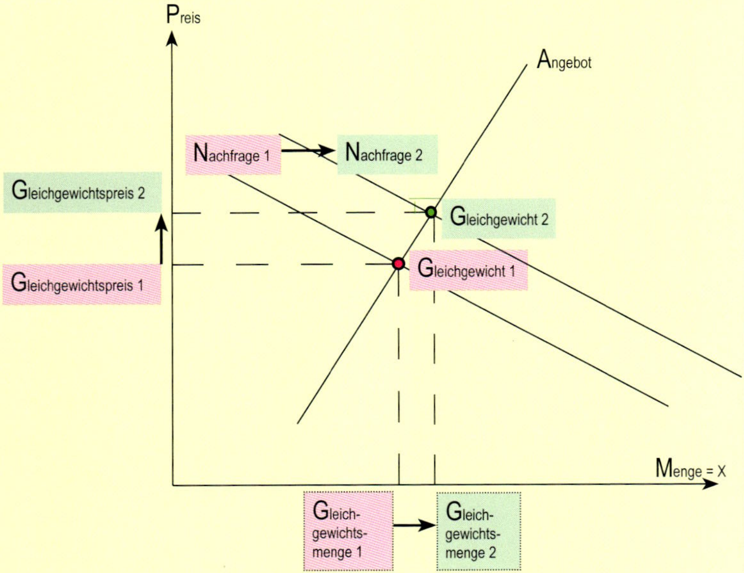

Die Nachfragekurve verschiebt sich nach rechts, wenn

1. sich die Einkommen erhöhen, z. B. durch eine Kindergelderhöhung
2. Substitutionsgüter (Ersatzgüter) teurer werden
3. Komplementärgüter (Ergänzungsgüter) günstiger werden

Dabei verschiebt sich das Gleichgewicht nach rechts mit einer größeren Menge und einem höheren Preis.

Bei jeder anderen Aufgabe zeichnen Sie zunächst eine Parallele zu N (oder auch A). Sie erhalten einen neuen Schnittpunkt. Vergleichen Sie dann die Preise (Mengen) des alten Gleichgewichts mit den Preisen (Mengen) des neuen Gleichgewichts.

Vollkommener und unvollkommener Markt

vollkommen = fiktiv, irreal + unvollkommen = real

fehlt nur EINE Voraussetzung ==> unvollkommener Markt

Voraussetzungen für Markt-Vollkommenheit	Beispiele
Es gibt keine Präferenzen + persönliche + zeitliche + sachliche + räumliche	+ persönlich: dort kaufen, wo man jemanden kennt, oder der Werbung folgen + zeitlich: nur abends ab 20 Uhr kaufen + sachlich: Rabatte ausnutzen, Service einbeziehen + räumlich: Standortvorteile nutzen, nur örtliche Anbieter auswählen
Völlige Markttransparenz durch den Homo Oeconomicus, das Wirtschaftsgenie ohne Präferenz	Alle Preise zu jedem Zeitpunkt an jedem Ort für jedes Produkt kennen, Unterschiede klar erkennen können
Die Güter sind homogen (total gleich)	alles hat die gleiche Norm, die gleiche Qualität, die gleichen Inhalte, die gleichen Zusätze...
Die Reaktion der Marktteilnehmer erfolgen praktisch zeitgleich mit jeder Veränderung	Es gibt keine Zeitvorsprünge für Anbieter, die vom Nachfrager erst nach einiger Zeit erkannt werden können. (Vielleicht an der Börse möglich)
Marktgleichgewicht im vollkommenen Markt	Preis entspricht immer den Grenzkosten, Gewinne=0

Einfacher Wirtschaftskreislauf

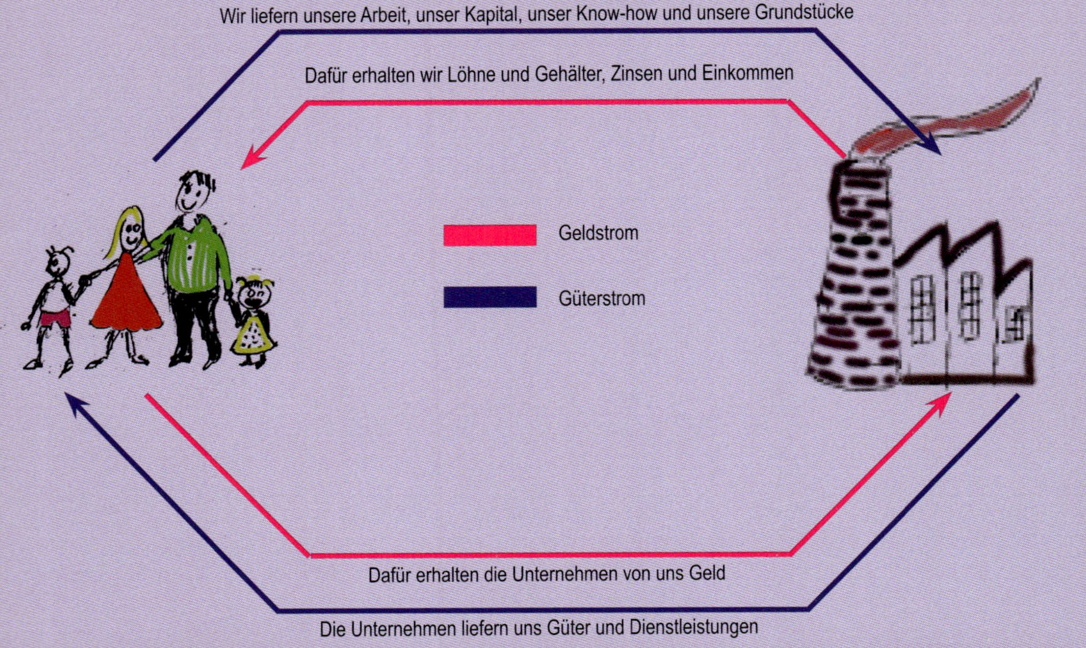

Wirtschaftskreislauf mit Bank und Staat

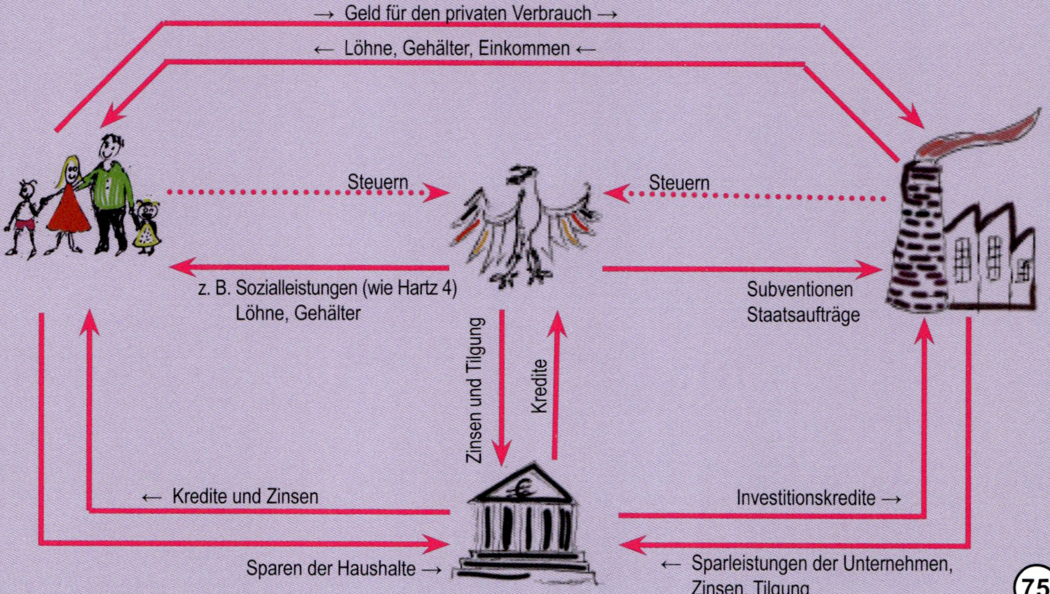

Konjunkturzyklen

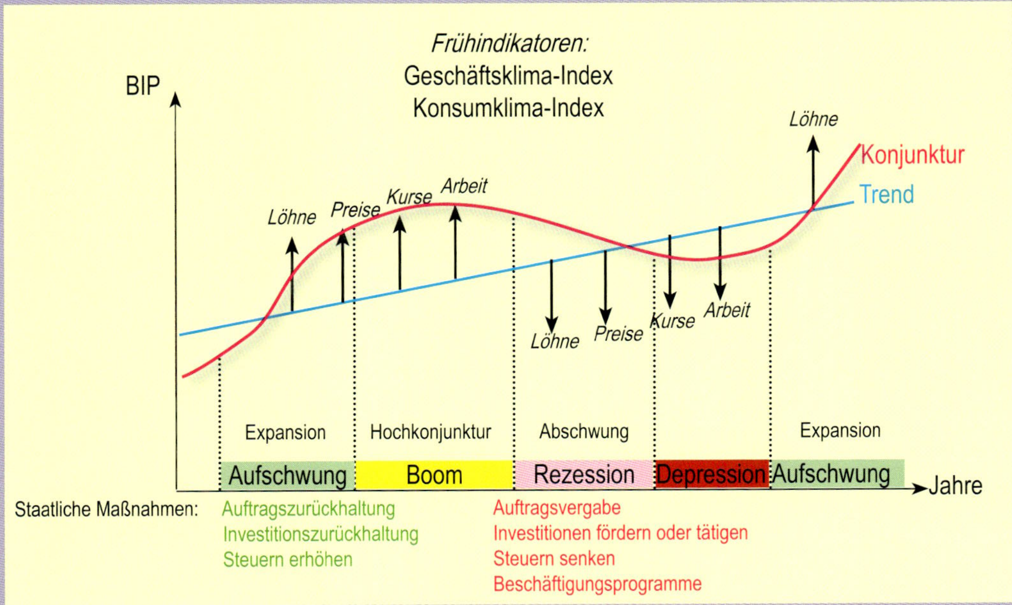

Erwerbswirtschaftliche Ziele

Warum gründet oder führt man ein Unternehmen?

Ökonomische Ziele	Soziale Ziele	Ökologische Ziele
* Gewinne maximieren * Eigenkapitalrendite optimieren * Gesamtkapitalrendite optimieren * Marktanteile erweitern und den Markt beherrschen * schnell wachsen * Produkte optimieren * Qualität auf höchstem Niveau anstreben * ständig Innovationen fördern und technisch realisieren * die Organisation der betrieblichen Abläufe optimieren * Kosten minimieren * die Mitarbeiter mit dem Unternehmen identifizieren (Corporate Identity)	* Arbeitsplätze schaffen und für optimale Arbeitsplatzsicherheit sorgen * die Arbeitnehmer durch den Betriebsrat mitbestimmen lassen * angemessene oder verbesserte Löhne und Gehälter * Weiterbildungen ermöglichen * Aufstiege im Unternehmen fördern * das Firmen-Image durch freiwillige soziale Leistungen verbessern - Urlaubsgeld - Personalrabatte - Geburtsbeihilfen - Betriebsrente - Sportzuschüsse	* die natürlichen Ressourcen schonen * die Produkte umweltfreundlicher herstellen durch - Abfallvermeidung (Reduzierung unnötiger Verpackungen) - Abfallminderung (möglichst keine Schadstoffe verwenden) - Recycling (Wieder- oder Weiterverbrauch von Rohstoffen) - neueste Produktionsverfahren (möglichst emmissionsfrei, also keine Schadstoffe durch den Schornstein) * Stetiges Nachdenken über neue Entwicklungen (Gen-Produkte, Kinderarbeit, Ausbeutung...)

Das ökonomische Prinzip

Es gilt immer: Ein Faktor ist fest - einer ist variabel

Falsch: beide Faktoren variabel

Das Minimalprinzip

ZIEL FEST - WIRD ERREICHT MIT MINIMALEN MITTELN

Beispiele:

- ► Umsatz von 2 Mio € mit den geringsten Kosten erzielen
- ► Prüfung irgendwie schaffen mit minimalem Aufwand
- ► 2.400 Stück am Tag fertigen mit möglichst wenig Personal
- ► Von Pontius nach Pilatus fahren mit niedrigstem Spritverbrauch
- ► Urlaub von zwei Wochen wird nach dem günstigsten Angebot ausgewählt
- ► Ich möchte auf dem kürzesten Weg die Ware zu meinem Käufer (Ort=fest) transportieren
- ► Unser Bürgermeister vergibt die Bauarbeiten für die neue Straße an den preiswertesten Bieter

Das Maximalprinzip

MITTEL GEGEBEN - ZIEL MAXIMIEREN

Beispiele:

- ► Kostenvolumen 6 Mio € - möglichst hohen Umsatz erzielen
- ► Jeden Tag 2 Stunden Vorbereitung - Prüfung bestmöglich schaffen
- ► Mit 100 Mitarbeitern so viel Stück wie möglich am Tag fertigen
- ► Mit 20 Litern Diesel so weit fahren wie möglich
- ► Eine Familie versucht, mit ihrem Familieneinkommen möglichst viele Güter einzukaufen
- ► Sie haben 1000 Euro und wollen damit so lange in Urlaub fahren wie möglich
- ► Aus einem Lederstück werden so viel Schuhsohlen wie möglich geschnitten

Rechtsgeschäfte

Einseitige Rechtsgeschäfte: Willenserklärung nur ***einer*** Person erforderlich		**Zweiseitige Rechtsgeschäfte:** ***Übereinstimmende*** Willenserklärungen von ***zwei*** Personen erforderlich → ***Vertrag***	
empfangsbedürftig	**nicht** empfangsbedürftig	**einseitig** verpflichtend = EINER verpflichtet sich zu einer bestimmten Leistung	**zweiseitig** verpflichtend = BEIDE verpflichten sich zu einer bestimmten Leistung
Mahnung **Anfechtung** **Kündigung** Diese Rechtshandlungen müssen den Empfänger auch erreicht haben (Einschreiben/Rückschein/ Mahnbescheid) oder durch persönliches Überreichen im Geschäft/Büro/zu Hause erfolgt sein.	**Testament** *„Ich vermache meiner Enkelin Carmen die Finca auf Mallorca“* - wird auch ohne vorheriges Wissen Carmens rechtswirksam. **Auslobung** *„Zahle demjenigen 500 €, der mir meinen Hund Rasputin zurückbringt“.* Die 500 € müssen auch an einen ungeliebten Nachbarn ausgezahlt werden.	**Schenkung** Eine Schenkung ist ein Vertrag, bei dem nur der Schenkende eine Leistung erbringen muss. **Bürgschaft** Der Bürge haftet für die Schulden eines Dritten, etwa die Eltern für den Auto-Kredit ihres Kindes. Dieser Vertrag muss (außer bei Kaufleuten) schriftlich fixiert sein mit der Hauptschuld, dem Betrag und dem Gläubiger.	**Kauf** Der Verkäufer veräußert Sachen oder Rechte gegen Bezahlung. **Miete** Der Vermieter stellt Wohnraum zur Verfügung, der Mieter zahlt dafür ein monatliches Entgelt. **Werkvertrag** z.B. ändert die Schneiderin die Hosenlänge, der Auftraggeber zahlt, ***aber nur bei Erfolg!***

(Fast) Alles zu Vertragsvoraussetzungen (§ = BGB)

- rechtsfähig ab Geburt
- 7 – beschränkt geschäftsfähig
- 14 – strafmündig - religionsmündig
- 16 – kommunales aktives Wahlrecht in einigen Bundesländern
- 18 – voll geschäftsfähig
- 21 – voll strafmündig

geschäftsunfähig (bis 7)

Es darf **nicht** verstoßen werden:

+ gegen gute Sitten (Ausbeutung einer Notlage, Wucher)

+ gegen ein gesetzliches Verbot, z.B. Kauf/Verkauf von Rauschgiften

+ gegen eine Formvorschrift, z.B. müssen Immobilienkäufe notariell beurkundet und in das Grundbuch eingetragen werden; Ehe muss vor einem Standesbeamten geschlossen werden

beschränkt geschäftsfähig (7–18)

Vertrag nur mit Einwilligung der Eltern (auch nachträglich)

- Im Rahmen des Taschengeldes §110 eigene Verträge zulässig, aber: **KEINE Zukunftsgeschäfte** - z. B. Ratenkäufe
- selbständiges Erwerbsgeschäft möglich §112
- Arbeitsverhältnis selbständig aufgeben und ein neues suchen, in die Gewerkschaft eintreten etc mgl. als VOLL Geschäftsfähiger § 113

Schwebend (un)wirksame Verträge: Sonderfall bei Verträgen Minderjähriger (7-18), die (noch) keine Einwilligung der Eltern haben und nicht nach Taschengeld§, Erwerbsgeschäft oder Arbeitsverhältnis beurteilt werden können. Mit der (nachträglichen) Genehmigung der Eltern wird der Vertrag rechtswirksam, mit der Nichtgenehmigung bleibt er nichtig.

geschäftsfähig (ab 18)

Es darf **nicht** vorliegen:

+ **I**rrtum
  aber: keine Anfechtung bei Motivirrtum möglich
+ **D**rohung
+ **A**rglistige Täuschung
  Anfechtungszeitraum 30 Jahre
+ Scheingeschäft
+ Scherzgeschäft
  aber: Scherz muss für jeden erkennbar sein!

Anfechtbare Verträge: **I**rrtum + **D**rohung + **A**rglistige Täuschung (IDA-Verträge)
Nichtige Verträge: Alle anderen Verträge, die gegen das Recht verstoßen

Wann beginnt ein Kaufvertrag?

Regel 1: Zwei <u>übereinstimmende</u> Willenserklärungen müssen vorliegen

Regel 2: Schweigen bedeutet in der Regel Ablehnung

	Verkäufer		Ergebnis		Käufer	
1	Verkäufer verschickt Werbung/schaltet Anzeigen/gestaltet Schaufenster/Kataloge/Postwurfsendung = **KEINE** Willenserklärung		**KEIN** Kaufvertrag, da nur **EINE** Willenserklärung	←	Käufer bestellt aufgrund einer Werbung = 1. Willenserklärung	2
2	Verkäufer bestätigt die Bestellung = 2. Willenserklärung	→	Kaufvertrag	←	Käufer bestellt aufgrund einer Werbung = 1. Willenserklärung	1
2	Verkäufer schickt Angebot = 1. Willenserklärung	→	**KEIN** Kaufvertrag, da nur **EINE** Willenserklärung		Käufer stellt Anfrage = **KEINE** Willenserklärung	1
1	Verkäufer schickt Angebot = 1. Willenserklärung	→	**KEIN** Kaufvertrag, da Willenserklärungen **NICHT** übereinstimmen	← ·····	Käufer ändert bei seiner Bestellung das Angebot ab = **NEUE** 1. Willenserklärung	2
2	Verkäufer bestätigt die abgeänderte Bestellung = 2. Willenserklärung	→	Kaufvertrag	←	Käufer ändert bei seiner Bestellung das Angebot ab = **NEUE** 1. Willenserklärung	1
1	Verkäufer schickt Angebot = 1. Willenserklärung	→	Kaufvertrag	←	Käufer bestellt auf Grund des vorliegenden Angebotes = 2. Willenserklärung	2

Anfrage und Angebot

Angebot

Gesetz	Verbindlichkeit	Ausschlüsse	Bestandteile
A muss *verbindlich* sein A muss die *wesentlichen Vertragsbestandteile* enthalten, z. B. Sache, Preis A muss an *eine* Person gerichtet sein, nicht an die Allgemeinheit *Schaufensterauslagen, Werbeanzeigen, eigene Werbeblätter* o.ä. sind deshalb *keine Angebote*. Hinweis: Im SB-Laden macht der Kunde an der Kasse den *ersten* Antrag!	Ein Angebot ist verbindlich, *bis es* vom Empfänger *abgelehnt wird* oder nicht innerhalb der *Annahmefrist* angenommen wird. **Fristen:** ▶ Verkaufsgespräch-Ende ▶ Telefonat-Ende ▶ Brief - einige Tage ▶ Mail - ca. 1 Tag Hinweis: Bei Angeboten unter Abwesenden (also per Mail, Brief) gibt es keine festen Fristen. Es müssen Übermittlungs- und Überlegungszeiten berücksichtigt werden.	Der Verkäufer kann die Verbindlichkeit des Angebotes ausschließen: ▶ „freibleibend" ▶ „unverbindlich" ▶ „solange Vorrat reicht" ▶ „gültig bis zum..." ▶ „ohne Obligo" Hinweis: Die daraufhin erfolgte Bestellung ist dann der *erste* Antrag, diesen müsste der Verkäufer erst noch annehmen, um zwei übereinstimmende Willenserklärungen zu schaffen und damit einen Vertrag!	▶ Bezeichnung des Kaufobjektes ▶ Beschreibung ▶ Qualität, Maße, Farbe usw. ▶ der Preis ▶ Rabatte, Skonti, Boni ▶ Zahlungsbedingungen ▶ Lieferungsbedingungen ▶ Fracht - Verpackung ▶ Eigentumsvorbehalt ▶ Gerichtsstand ▶ Erfüllungsort

Anfrage

Eine Anfrage ist ***immer unverbindlich***. Sie stellt ***keine erste Willenserklärung*** zum Abschluss eines Vertrages dar! Sie enthält die gleichen Inhalte wie ein Angebot, also z. B. Angaben über die Sache, den Preis, die Qualtiät.

Lieferbedingungen Inland

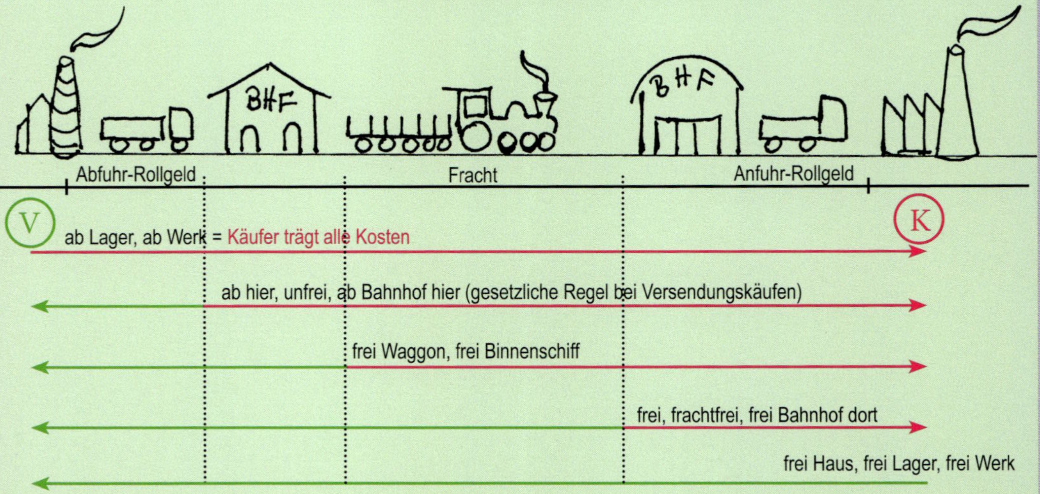

Gesetzliche Regelung: Grundsätzlich sind Waren Holschulden (s.a. Seite 32). Also muss der Käufer (K) die Waren beim Verkäufer (V) abholen. Das bedeutet für Platzkäufe (K und V wohnen am gleichen Ort) „ab Werk“ oder „ab Lager“. Bei Versendungskäufen übernimmt der V die Kosten bis zur Versandstation „ab hier“, „unfrei“, „ab Bahnhof hier“ etc.

Verjährungsfristen

3 Jahre = Regelverjährung Beginn: 31.12.	2 Jahre Beginn: Datum KV/WV	5 Jahre Beginn Abnahme/Übergabe	10 Jahre Beginn: Fälligkeit	30 Jahre Beginn; Fälligkeit
> bei fehlenden Regelungen > bei Lieferungsverzug > bei Zahlungsverzug > bei Annahmeverzug (NICHT bei Schlechtleistung!) > bei arglistig verschwiegenen Mängeln > bei unerlaubten Handlungen > bei regelmäßigen Leistungen	> bei Gewährleistungsansprüchen aus Kauf- und Werkverträgen bei EINseitigen Handelskäufen (KEINE Bauwerke)	> bei einem Werkvertrag iV mit einem Bauwerk > bei einem Kaufvertrag zum Erwerb eines Bauwerkes	> für Ansprüche bei Rechten aus einem Grundstück	> Herausgabe von Eigentum > rechtskräftige Ansprüche > Vollstreckungs-Ansprüche > familien- und erbrechtliche Ansprüche > Schadensersatzansprüche, die auf Verletzung von Leben, Körper, Gesundheit und Freiheit beruhen
Beispiel: A(21) hat am 14.03.2025 eine Rechnung für seine Karaokeanlage erhalten. Verjährungsende: 31.12.2025 + 3 Ja = 31.12.2028	Beispiel: A(21) hat am 14.03.2025 einen Wackel-Schreibtisch gekauft. Bis zum 14.03.2027 kann er den Mangel rügen und muss in den ersten 12 Monaten (also bis 14.03.2026) NICHTS beweisen. Die Frist dieser sog. Beweislastumkehr wurde 2022 für Verbraucher von 6 auf 12 Monate verlängert.	Beispiel: A (21) hat sich am 14.03.2025 Parkett verlegen lassen. Rüge-/Verjährungsfrist bis zum 14.03.2030	Beispiel: A (21) hat sich am 14.03.2025 eine Eigentumswohnung gekauft (Eintragung ins Grundbuch) Rüge-/Verjährungsfrist bis zum 14.03.2035	Beispiel: A(21) hat am 14.03.2025 einen Vollstreckungsbescheid durch das Gericht erhalten. Rüge-/Verjährungsfrist bis zum 14.03.2055

Unterbrechung der Verjährung = Neubeginn der Verjährung
Ein Neubeginn wird ausgelöst durch
- Bitte um Stundung/Verlängerung des Zahlungsziels
- Abschlags- oder Zinszahlung
- Stellung eines Pfandes
- Beantragung einer gerichtlichen Vollstreckungshandlung

Beispiel: A(21) hat am 14.03.2025 eine Rechnung für seine Karaokeanlage erhalten.
normales Verjährungsende: 31.12.2025 + 3 Jahre = 31.12.2028
A bittet am 06.01.2026 um Zahlungsaufschub.
neues Verjährungsende: 06.01.2026 + 3 Jahre = 06.01.2029

Hemmung der Verjährung = Verlängerung der Verjährung
Die Verjährung wird gehemmt
- bei Verhandlungen
- Zustellung eines Mahnbescheides
- Anspruch im Insolvenzverfahren
- bei einer Klage
- Erlass eines Vollstreckungsbescheides
- Stillstand der Rechtspflege

Beispiel: A(21) hat am 14.03.2025 eine Rechnung für seine Karaokeanlage erhalten.
normales Verjährungsende: 31.12.2025 + 3 Jahre = 31.12.2028
A erhält am 06.01.2026 einen Mahnbescheid.
neues Verjährungsende: Ab dem 06.01.2026 wird die Verjährung solange ausgesetzt, bis eine rechtskräftige Entscheidung getroffen wurde. Die Hemmung endet sechs Monate danach.

Franchising

Beispiele: McDonalds, Benetton, Schülerhilfe, Backwerk, OBI, vom Fass, Yves Rocher, Fitness First, das Futterhaus, Kamps, KFC, Burger King, subway, Backkönig, Coca-Cola, Pepsi, Hertz...

Der Franchise-Geber stellt dem Franchise-Nehmer Geschäftskonzept, Name, Markennutzungsrechte, Idee, Organisation, Beschaffung und Marketing für einen Teilmarkt zur Verfügung.

Vorteile Franchise-Nehmer

- schneller Markteintritt
- Nutzung des Marketing, etwa durch einheitliche Werbung
- Einheitlicher Auftritt und dadurch hoher Wiedererkennungswert
- bekannte, effiziente Arbeitsabläufe
- Größenvorteile bei der Beschaffung nutzen
- Schulungen und Weiterbildungen beim Franchise-Geber

Nachteile Franchise-Nehmer

- Absatzrisiko - aber geringe unternehmerische Freiheit
- muss sich fast ausschließlich nur auf das Franchise-Sortiment beschränken
- Anfangsinvestitionen beträchtlich, etwa durch die Lizenzzahlung, aber niedriger als bei eigener Geschäftsgründung
- Franchise-Gebühren bis zu 33% des eigenen Umsatzes
- keine gesetzliche Grundlage

Firmen-Leasing

Anwendungs-Beispiele: Autos, Maschinen, Büroausstattung (Kopierer, Drucker...), IT- und Kommunikationssysteme (Telefone, Internetzugänge, Speicherplatz), Personal, Immobilien...

Leasing kommt aus dem Englischen und heißt „mieten" oder „pachten". Der Leasinggeber überlässt das Auto, die Maschine oder auch den Mitarbeiter eine Zeit lang dem Leasingnehmer gegen Entgelt.

Vorteile Leasing-Nehmer

- Kein großer Anschaffungs-Kredit notwendig, sondern nur monatliche Zahlungen
- Damit ist der LN liquide geblieben oder geworden
- Durch die relativ kurze Laufzeit (meist 3 Jahre), altern die Geräte oder das Auto nicht, sie werden durch neueste Modelle ersetzt
- Das Finanzamt erkennt die Leasingraten als Aufwand an (Regel)

Nachteile Leasing-Nehmer

- laufende Leasingraten belasten laufende Liquidität
- Über das Auto oder die Maschine kann der LN nicht so verfügen als sei es sein Eigentum (z. B. kein Verkauf)
- zusätzliche Belastungen wie (Vollkasko-)Versicherungen, z. B. Inventarversicherungen, Autoversicherungen sind üblich
- Vetragsauflösungen vor Ablauf sind teuer

(Kauf-)Vertrags-Arten

Ein Vertrag kommt durch 2 übereinstimmende Willenserklärungen zustande

Kauf auf Probe	Rückgabemöglichkeit, alle Fernkäufe (z. B. Internet) sind Käufe auf Probe
Kauf zur Probe	Kleine Menge, um z. B. Material auszuprobieren
Kauf nach Probe	...nach Probieren, nach Muster (Teppich, Kaffee)
bürgerlicher Kauf	beide Partner sind Privatpersonen
einseitiger Handelskauf	ein Partner Kaufmann, der andere Privatperson
zweiseitiger Handelskauf	beide Partner Kaufleute
Gattungskauf	Produkt in großem Umfang verfügbar (Ziegelsteine)
Stückkauf	einzelnes spezielles Produkt, unverwechselbar (Mona Lisa, Maschine nach eigenen Vorstellungen und Entwürfen)
Ramschkauf	Kauf ohne Nachprüfung auf ein einzelnes Gut (bei Versteigerungen, containerweise im Hafen), Mängel sind akzeptiert
Spezifikationskauf	Spezielle Eigenschaften können später festgelegt werden (spezielles Automodell – Farbe später)
Terminkauf	Datum der Lieferung wird kalendermäßig festgelegt (Nachfrist bei Verzug erforderlich)
Fixkauf	Die Bezeichnung „fix“ (mit Datum) erscheint in der Willenserklärung. Lieferung vorher und nachher nicht möglich. Keine Nachfrist erforderlich.
Teillieferungskauf	Zu festen vereinbarten Zeitpunkten werden feste Mengen geliefert
Kauf auf Abruf	Zu variablen Zeitpunkten werden variable Mengen eines festgelegten Rahmens (Rahmenvertrag) geliefert
Werkvertrag	***Erfolg*** ist die Voraussetzung für die Zahlung (Reparatur eines Autos)
Typenkauf	Kauf eines normierten Produktes
Dienstleistungsvertrag	Arbeit ja - Erfolg nicht zwingend (Bezahlung auch bei Misserfolg eines Ingenieurs)

Allgemeine Geschäftsbedingungen - AGBs

...sind vorformulierte Vertragsbedingungen, die der Verkäufer dem Käufer stellt.

Es handelt sich meist um die **kleingedruckten** Bedingungen auf der Rückseite der Verträge.

Vorteile der AGBs:

für den Käufer	*für den Verkäufer*
* Bestimmungen müssen mit dem Gesetz übereinstimmen, sonst sind die AGBs unwirksam. * Alle Einzelabsprachen zwischen Käufer und Verkäufer haben Vorrang! (Wegen der Beweispflicht besser schriftlich!) ***Nachteil Käufer:*** *Er kann viele der juristischen Formulierungen nicht nachvollziehen und könnte dadurch gegenüber den juristischen Profis Nachteile erleiden.*	* Man muss nicht ständig die Vertragsbestandteile einzeln aushandeln. Damit kann ein Vertrag schneller geschlossen werden. * Es gibt schon viele Muster für AGBs, so dass kein großer Aufwand für Juristen mehr entsteht.

Der Käufer muss Kenntnis haben von den AGBs

* man weist auf die AGBs durch öffentlich gut sichtbaren Aushang hin
* man lässt die Käufer gesondert unterschreiben, dass sie die AGBs gelesen haben

Das darf nicht in den AGBs stehen:

* überraschende oder mehrdeutige Klauseln
* kurzfristige Preisänderungen, wenn zwischen Vertrag und Lieferung weniger als vier (4) Monate liegen
* unbestimmte Liefertermine
* Verkürzung der gesetzlichen Gewährleistungsfristen
* Beschränkung der Gewährleistungsrechte auf Reparatur oder Ersatzlieferung (ist die Nacherfüllung nicht möglich → Recht auf Minderung und Rücktritt)
* Ausschluss der Haftung bei Vorsatz oder grober Fahrlässigkeit

Verträge - Übersicht - Kurzerläuterung

Vertrag	*Inhalt*
Miete	... ist die Überlassung einer Sache zum Gebrauch gegen Geld. Der Vermieter verpflichtet sich, dem Mieter das Mietobjekt zum Gebrauch zu überlassen. Der Mieter muss den vereinbarten Mietzins bezahlen und die gemietete Sache nach Beendigung des Mietverhältnisses zurückgeben.
Pacht	... ist die Überlassung einer Sache zum Gebrauch und eigenem Nutzen gegen Geld. Der Verpächter ist verpflichtet, dem Pächter die Pachtsache zum Gebrauch und zur Nutznießung (Erträge) zu überlassen. Der Pächter ist verpflichtet, den vereinbarten Pachtzins zu entrichten und die Pachtsache zurückzugeben.
Leihe	... ist die unentgeltliche Gebrauchsüberlassung einer Sache. Der Verleiher ist verpflichtet, dem Entleiher die Sache unentgeltlich zu überlassen. Der Entleiher gibt dem Verleiher die Sache nach der vereinbarten Zeit zurück.
Darlehen	... bedeutet die Überlassung von Geld oder anderer vertretbarer Sachen mit der Verpflichtung zur Rückerstattung in gleicher Art, Güte und Menge. Hier ist der Verbrauch zulässig, bei der Leihe nur der Gebrauch. Der Darleiher = Darlehensgeber übergibt dem Darlehensnehmer die geschuldete Sache. Der Darlehensnehmer gibt diese Sache in gleicher Art, Güte und Menge zurück. Je nach Vereinbarung sind auch Zinsen zu zahlen.
Dienstvertrag	... bedeutet die entgeltliche Leistung von Diensten (ohne Erfolgsversprechen) Der Dienstberechtigte muss die vereinbarte Vergütung zahlen. Der Dienstverpflichtete muss die geschuldete Arbeits- und Dienstleistung erbringen.
Werkvertrag	... bedeutet die Herstellung eines Werkes oder Erbringung einer Dienstleistung gegen Geld. Der Unternehmer verpflichtet sich, das Werk herzustellen bzw. die Dienstleistung zu erbringen; er verpflichtet sich weiterhin zum vereinbarten Erfolg. Der Besteller schuldet Abnahme und Bezahlung des erfolgreichen Werkes.
Kaufvertrag	... ist der Erwerb einer Sache/eines Rechts gegen Geld Der Verkäufer verpflichtet sich, die Sache mangelfrei am rechten Ort und zur rechten Zeit zu übergeben und das Eigentum daran zu verschaffen. Der Käufer verpflichtet sich zu bezahlen und anzunehmen.

Vollmachten

Man kann nur Vollmachten **unterhalb** der eigenen Vollmacht erteilen!

Handlung	Unternehmer Geschäftsführer	Prokura nur an natürl. Pers.	Allgemeine HV = General-V	Artvollmacht = Teilvollmacht	Spezialvollmacht = Einzelvollmacht
		Eintragung ins HR = deklaratorisch	keine Eintragung ins Handelsregister		
Eid leisten Steuererklärung unterschreiben Handelsregister-Eintragungen vornehmen Konkurs anmelden Geschäft verkaufen Prokura erteilen Gesellschafter aufnehmen Bilanz/Inventar unterschreiben		Einzel-P: kann allein unterschreiben Gesamt-P: mindestens 2 Prokuristen unterschreiben	V für alle gewöhnlichen Geschäfte des U, in dem er arbeitet Gesamt-HV: mindestens 2 entscheiden zusammen	V für nur eine Art im Geschäftsleben, z. B. Einkauf oder Verkauf Asien...	Einzel-V für meist nur EINEN Abschluss
Grundstücke belasten oder verkaufen		mit Sondervollmacht möglich			
Grundstücke kaufen Handlungs-Vollmacht erteilen Prozesse führen Darlehen aufnehmen Wechselverbindlichkeit unterschreiben			mit Sondervollmacht möglich		
Zahlungsgeschäfte erledigen Produkte verkaufen Mitarbeiter einstellen Mitarbeiter entlassen				mit Sondervollmacht möglich	
Kaffee einkaufen - Post abholen u.ä.					mit Sondervollmacht möglich
Unterschriftszusatz		ppa oder pp	iV oder iA (rechtlich gleich, betrieblich geregelt)		

Kartelle *(vereinfachte Übersicht)*

= horizontale Zusammenschlüsse (die Unternehmen arbeiten auf der gleichen Produktionsstufe) sind grundsätzlich verboten
Mitglieder bleiben rechtlich selbständig - sind aber wirtschaftlich gebunden

Kartellart	Beschreibung	gesetzliche Regelung
Preiskartell Produktionskartell Kalkulationskartell Gebietskartell Submissionskartell	die Mitglieder legen einheitliche Preise fest für jedes Mitglied werden Produktionsmengen festgelegt (auch: Quotenkartell) die Mitglieder einigen sich auf gleiche Kalkulationsgrundlagen für jedes Mitglied wird ein Gebiet reserviert, in dem es absetzen kann Die Mitglieder legen eine Reihenfolge fest, wann jemand bei einer Submission (Ausschreibung) „gewinnt“	**verboten** rot = prüfungsrelevant!
Vertriebskartell (Syndikat) Strukturkrisenkartell Rationalisierungskartell Importkartell	Der Vertrieb aller Mitglieder wird über eine gemeinsame Verkaufsstelle organisiert gleichmäßige Einschränkungen der Produktion jeden Mitglieds, um sich an eine neue Marktlage anzupassen Die Mitglieder einigen sich auf einheitliche Rationalisierungsmaßnahmen, sie spezialisieren sich beispielsweise Die Mitglieder sichern und fördern die Einfuhr	**genehmigungs-pflichtig**
Exportkartell Konditionenkartell Rabattkartell Normenkartell Typisierungskartell	Die Mitglieder sichern und fördern die Ausfuhren um Transparenz zu schaffen, wie etwa bei den AGBs einheitliche Rabatte oder Skonti werden vereinbart (Transparenz) bestimmte Produktionsteile werden z. B. über DIN-Normen vereinheitlicht (etwa die Ladekabel-Anschlüsse bei Handys) Ganze Produkte werden vereinheitlicht	**anmeldepflichtig**

Unternehmen im Vergleich

Unternehmensform	Mindestkapital	Haftung	Geschäftsführung innen	Geschäftsführung außen	Gewinne und Verluste	Organe
Einzelunternehmen e.K., e.Kfm., e.Kfr. → Handelsregister A	-	mit dem gesamten Vermögen, auch privat	Der Inhaber darf und muss die Geschäftsführung ausüben		erhält den gesamten Gewinn und trägt alle Verluste	-
OHG = Offene Handelsgesellschaft → Handelsregister A	-	alle Gesellschafter mit dem gesamten Vermögen, auch privat: solidarisch, unmittelbar und unbeschränkt	jeder Gesellschafter allein - Widerspruchsrecht vereinbar - oder dass für bestimmte Geschäfte ALLE zustimmen müssen	jeder Gesellschafter allein (die internen Vereinbarungen gelten nach außen nicht!)	seit 2024: nach Vereinbarung der Gesellschafterversammlung (*alt:* 4 % auf Kapital, Rest nach Köpfen)	-
KG = Kommanditgesellschaft → Handelsregister A	-	Vollhafter (Komplementäre) haften wie die Ges. in der OHG *Teilhafter haften nur mit ihrer Einlage*	Vollhafter (Komplementäre) haben Geschäftsführungsbefugnis *Die Teilhafter (Kommanditisten) haben das Bilanzkontrollrecht und ein Widerspruchsrecht bei außerordentlichen Geschäften*	Vollhafter (Komplementäre) haben Geschäftsführungsbefugnis *Die Teilhafter (Kommanditisten) können Prokura erhalten*	seit 2024: nach Vereinbarung der Gesellschafterversammlung (*alt:* 4 % auf Kapital, Rest in angemessenem Verhältnis)	-
GmbH = Gesellschaft mit beschränkter Haftung → Handelsregister B	Stammkapital mindestens 25.000 €	Die GmbH haftet nur bis zur Höhe ihres Stammkapitals	Ein Geschäftsführer oder mehrere gemeinsam		Gewinn und Verlust im Verhältnis der Geschäftsanteile	Geschäftsführer Aufsichtsrat (ab 500) Gesellschafter-Versammlung
AG = Aktiengesellschaft → Handelsregister B	Grundkapital mindestens 50.000 €	Die AG haftet nur bis zur Höhe ihres Grundkapitals	Alle Vorstandsmitglieder gemeinsam		Gewinn: Im Verhältnis der Aktienanteile = Dividende *Verlust: mit dem sinkenden Aktienwert*	Vorstand Aufsichtsrat Hauptversammlung

Betriebsrat – Aufgaben und Rechte

Nach dem Betriebsverfassungsgesetz (BetrVG) haben die Arbeitnehmer eines Betriebes mit mindestens 5 Beschäftigten das Recht, einen Betriebsrat zu wählen. Wahlberechtigt sind alle Arbeitnehmer ab 16 Jahren, wählbar sind Arbeitnehmer ab 18, die dem Betrieb mind. seit 6 Monaten angehören. Dieser Betriebsrat hat allgemein die Aufgabe, die Interessen der Arbeitnehmer gegenüber dem Arbeitgeber zu vertreten. Der Betriebsrat wirkt mit und bestimmt mit. Seine Größe richtet sich nach der Anzahl aller Arbeitnehmer (§ 1-20 BetrVG).

Aufgaben	Informations-/Beratungsanspruch	Mitbestimmungsrechte
1. Überwachung der im Betrieb geltenden Gesetze, Verordnungen, Unfallverhütungsvorschriften, Tarifverträge und Betriebsvereinbarungen 2. Maßnahmen zum Wohl der Belegschaft beantragen 3. Anregungen von Beschäftigten annehmen, mit dem Arbeitgeber darüber verhandeln und über die Ergebnisse informieren 4. Durchführung der Wahl einer Jugend- und Auszubildendenvertretung und Zusammenarbeit mit ihr. 5. Förderung der allgemeinen Beschäftigung im Betrieb 6. Maßnahmen zur Integration aktiv initiieren und begleiten 7. Förderung des Arbeits- und betrieblichen Umweltschutzes	Der Betriebsrat hat einen Informations- und Beratungsanspruch gegenüber dem Arbeitgeber: Er erhält alle nötigen Informationen und Unterlagen. Insbesondere muss der Arbeitgeber den Betriebsrat rechtzeitig informieren und sich mit ihm über die Auswirkungen auf die Arbeitnehmer beraten, wenn betriebliche Räume, technische Anlagen, Arbeitsabläufe und -plätze neu oder umgestaltet werden sollen. Dazu gehören unter anderem auch die Personalplanung, Maßnahmen der Berufsbildung, personelle Einzelmaßnahmen wie Einstellungen, Versetzungen, Ein- und Umgruppierungen und schwerwiegende Betriebsänderungen wie Stilllegung, Verlegung oder Spaltung des Betriebs	1. Regelungen zur Betriebsordnung und zum Verhalten von Arbeitnehmern 2. Arbeitszeiten-, Pausen- und Urlaubsregelungen 3. Auszahlung der Arbeitsentgelte 4. Einführung von technischen Einrichtungen, mit denen das Verhalten bzw. die Leistung von Arbeitnehmern überwacht werden soll 5. Regelungen zur Verhütung von Arbeitsunfällen und Berufskrankheiten 6. Sozialeinrichtungen (z. B. Kantinen) und Wohnräume von Arbeitnehmern, die dem Betrieb angehören 7. Gestaltung von Löhnen und leistungsbezogenen Entgelten (z. B. Akkord- und Prämiensätze) 8. Regelungen zum Vorschlagswesen 9. Regelungen zur Gruppenarbeit

Der Betriebsrat muss vor jeder Kündigung eines Arbeitnehmers angehört werden, da die Kündigung sonst unzulässig ist. Zwar muss der Arbeitgeber einem Widerspruch des Betriebsrats nicht folgen; erhebt aber der Arbeitnehmer Kündigungsschutzklage, muss er in der Regel bis zur endgültigen Gerichtsentscheidung weiterbeschäftigt werden.

Jugend- und Auszubildenden-Vertretung

*nur in Betrieben mit mindestens **fünf** wahlberechtigten Jugendlichen oder Auszubildenden*

Organisation	Aufgaben	Rechte
• Wer darf wählen? Alle Jugendlichen im Betrieb unter 18 und alle Auszubildenden. • Wer darf gewählt werden? Alle Arbeitnehmer bis 25 Jahre und alle Auszubildenden • Wann wird gewählt? Alle 2 Jahre im Oktober/November. • Wie viele Vertreter werden gewählt? Je nach Anzahl der Wahlberechtigten zwischen 1 und 15 Vertreter. • Kann ein Jugendvertreter gekündigt werden? Nein, nicht während der Amtszeit und ein Jahr danach auch nicht. • Kann man sowohl im Betriebsrat als auch in der Jugendvertretung sein? Nein. • Kann auch eine Jugendvertretung gewählt werden, wenn es keinen Betriebsrat gibt? Nein.	• Wahrnehmung der betrieblichen Belange der Jugendlichen und der Auszubildenden • Anträge von Maßnahmen beim Betriebsrat - zur Ausbildung, - zu Hilfen bei der Ausbildung, - zur Übernahme nach der Ausbildung • Überwachung von Gesetzen, Vorschriften, Tarifverträgen für Jugendliche und Auszubildende, z.B. des Jugendarbeitsschutzgesetzes. Insbesondere die Einhaltung der Arbeitszeiten, der Pausen, der Wochenarbeitszeit, des Urlaubanspruches oder auch des Schutzes gegen gefährliche Arbeiten sollte die Jugendvertretung kontrollieren. • Anregungen und Beschwerden der Auszubildenden an den Betriebs-/Personalrat herantragen • Verbesserungsvorschläge zur Integration ausländischer Auszubildender • Probleme der Auszubildenden anhören und versuchen zu lösen	• Teilnahme an Betriebsratssitzungen • Stimmrecht in diesen Sitzungen, wenn es um Jugendfragen geht • Teilnahme an Ausschusssitzungen des Betriebsrates • Stimmrecht in diesen Sitzungen, wenn es um Jugendfragen geht • Teilnahme an Besprechungen zwischen Betriebs-/Personalrat und Arbeitgeber • Durchführung von Jugend- und Auszubildendenversammlungen • Durchführung von Jugend- und Auszubildendenvertretungssitzungen • Abhalten von Sprechstunden • Teilnahme an erforderlichen Schulungen auf Kosten des Arbeitgebers • Teilnahme an Einstellungsgesprächen - aber ohne Stimmrecht (wie der Betriebsrat) • Freistellungen innerhalb der Arbeitszeit für Aufgaben, die für die Jugend- und Auszubildenden-Vertretung notwendig sind. Was notwendig ist, entscheidet die Jugendvertretung!

Nur der Betriebsrat darf Verhandlungen direkt mit den Arbeitgebern führen. Sind zur Erfüllung der Aufgaben Gespräche mit den Arbeitgebern notwendig, muss sich die Jugend- und Auszubildenden-Vertretung daher zuerst an den Betriebsrat wenden.

Tarifauseinandersetzung

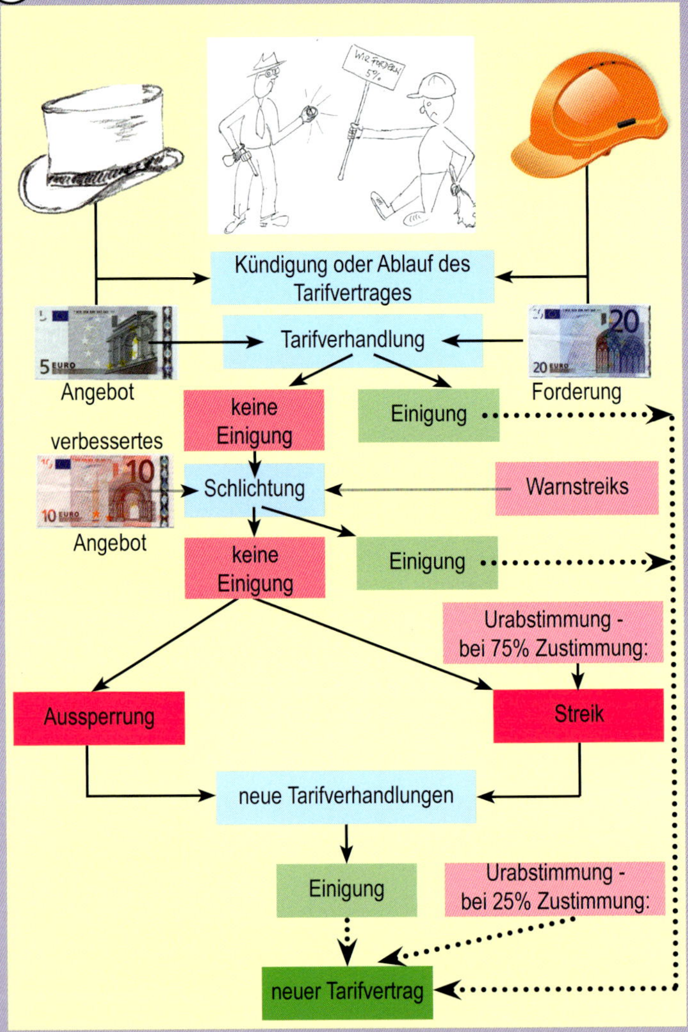

Tarifverträge

Die Parteien	Die Arten	Die Vorteile/Gründe
Arbeitnehmer - Arbeitgeber • viel zu aufwendig • ungerecht • verwirrend → KEIN TARIFVERTRAG *Arbeitgeberverbände - Gewerkschaften* = Flächentarifverträge *Arbeitgeber - Gewerkschaft* Haustarifverträge schließt beispielsweise die IG Metall mit der Volkswagen AG ab.	*Lohn- und Gehaltstarifvertrag* - regelt die Höhe der Löhne und der Gehälter für 1 bis 2 Jahre einer Branche in einem Tarifgebiet. *Manteltarifvertrag = Rahmentarifvertrag* regelt längerfristige Vereinbarungen etwa über die Arbeitszeit, die Urlaubsansprüche oder die Einteilung in Lohngruppen	▶ Die Verträge gelten für alle Arbeitnehmer und alle im Arbeitgeberverband organisierten Arbeitgeber ▶ Das spart für beide Seiten Zeit und Geld ▶ Man kann sich in der Laufzeit des Vertrages auf Arbeitsfrieden verlassen ▶ Die Kalkulation der Personalkosten ist planbar ▶ Imagegewinn für den organisierten Arbeitgeber

Tarifverträge gelten zunächst nur für die Gewerkschaftsmitglieder bei den Arbeitnehmern, in der Regel werden die Tarife aber für **alle** Beschäftigten übernommen. Tarifverträge gelten zunächst auch nur für die Arbeitgeber, die dem Verband angeschlossen sind. Viele weitere Nicht-Mitglieder schließen sich den Tarifverträgen aber an. Das ist abhängig von der Arbeitsmarktsituation. Bestimmte Beträge dürfen gesetzlich nicht mehr unterschritten werden. Seit Januar 2025 müssen **mindestens 12,82 Euro pro Stunde (13,90 Euro ab 01.01.26)** gezahlt werden.

Arbeitgeber und Arbeitnehmer können auch einen Vertrag oberhalb des Tariflohns vereinbaren, nie darunter.

Lohn- u. Einkommenssteuer (Grundlagen)

Einkünfte...	Werbungskosten...	Sonderausgaben	außerordentliche Belastungen
...können entstehen aus: • nicht-selbstständiger Arbeit, also Lohn, Gehalt etc. • selbstständiger Arbeit, z.B. Schriftsteller, Architekt, Apotheker etc. • Gewerbebetrieb, z.B. Gewinn aus der Schluckspecht GmbH • Kapital (Zinsen, Renditen, Spekulationsgewinne etc.) • Vermietung und Verpachtung (Mieterlöse abzüglich Kosten) • sonstigen Einkünften wie erhaltene Unterhaltsleistungen, Renten	*...sind Aufwendungen, die der Erwerbung, Sicherung und Erhaltung von Einnahmen dienen, z. B.* • Kosten für Fahrten zur Arbeit (30 cts pro Entfernungs-km) • Gewerkschaftsbeiträge, Beiträge zu anderen Berufsverbänden • Arbeitsmittel wie Berufskleidung, Werkzeuge, Fachbücher etc. • Fortbildungskosten In jedem Fall rechnet das Finanzamt mit einem Pauschalbetrag von 1.000 €. Wer mehr als 1.000 € nachweisen kann, profitiert vom Mehr, weil dieser Mehrbetrag das Einkommen mindert.	*Zu den Sonderausgaben zählen Aufwendungen, die der privaten Lebensführung zuzurechnen und nicht Werbungskosten sind, z.B.* • Unterhaltsleistungen • Krankenversicherung, PflegeV, UnfallV, HaftpflichtV, LebensV, RentenV ▶ *aber <u>KEINE</u> Sachversicherungen!* • freiwillige Höherversicherungen bei der Krankenversicherung und der Pflegeversicherung • Kirchensteuer • Steuerberatungskosten • Schulgeld • Spenden • Ausbildungskosten	*...werden bei großen außerordentlichen Aufwendungen als Minderung des Einkommens anerkannt, wenn sie ein bestimmtes zumutbares Maß übersteigen.* Z.B. wird einer Familie mit drei Kindern 1% Belastung zugemutet bei einem Einkommen von bis zu 51.130 € (2025). Bei einem Single sind es hier schon 6% = 3.067,80 €. • Krankheitskosten • Kuren • Kinderbetreuungskosten • Körperbehinderung • häusliche Pflege • Unterstützung von Eltern, Geschwistern oder Kindern

Wenn Minderungen des Einkommens erkennbar sind (z.B. Pendlerpauschale), kann das Finanzamt (Antrag) einen Steuerfreibetrag berücksichtigen. Es werden dann nur die Steuern von dem geminderten Einkommen berechnet. Am Ende des Jahres würde man die zu viel gezahlte Steuer auch beim Lohnsteuerjahresausgleich erhalten. Allerdings hat der Steuerzahler durch den Freibetrag schon früher etwas von der Rückerstattung. ▶ Lohnsteuerjahresausgleich beantragen!!!!

Lohn/Gehaltsabrechnung (Muster) Daten von 2025

Bezeichnung	Grundlage	Sätze (€ oder %)
laufende Bezüge	Arbeitsvertrag	
+ geldwerter Vorteil/ Sachbezug	z.B. Dienstwagen - Urlaubsgeld - Weihnachtsgeld	
+ vermögenswirksame Leistungen des AG	Die VL wird mit einer Arbeitnehmerzulage durch den Staat gefördert, Laufzeit 7 Jahre	siehe Tarifvertrag
= Sozialvers.-Brutto	= Bemessungsgrundlage für SozVers bis zur Beitragsbemessungsgrenze (BBG = Obergrenze), (ab 2025 bundeseinheitliche BBGs in West und Ost)	Monatlich max. 8.050 (RV+ALo) 5.512,50 (KV+PflV)
- Krankenversicherung Arbeitnehmeranteil	BBG beachten insgesamt 14,6 % (+ ggf. Zusatzbeitrag = ZB)	AN 7,3 + ZB/2 AG 7,3 + ZB/2
- Rentenversicherung Arbeitnehmeranteil	BBG beachten insgesamt 18,6 %	AN 9,3 AG 9,3
- Arbeitslosenversich. Arbeitnehmeranteil	BBG beachten insgesamt 2,6 %	AN 1,3 AG 1,3
- Pflegeversicherung Arbeitnehmeranteil	BBG beachten insges. 3,6 %/Kind (2 - 5 Kinder je minus 0,25 %)	AN 1,8 AG 1,8
- PV-Beitragszuschlag	kinderlose AN ≥ 23 + 0,6 % ***NUR AN***	AN 1,8 + 0,6 = 2,4
- Lohnsteuer	Einkommenshöhe und Lohnsteuerklasse Ist ein Freibetrag eingetragen, wird die Steuer vom SozV-Brutto abzgl. Freibetrag berechnet IV/IV dann, wenn beide Einkommen etwa gleich III/V dann, wenn III>V	I - single ohne Kind II- single mit Kind III-verheiratet IV/IV-double-income V -Kombi mit III VI- 2. Lohnverhältnis
- Kirchensteuer von der Lohnsteuer	Die Kirchensteuer beträgt in Bayern und Baden-Württemberg 8 %, sonst 9 % von der Lohnsteuer	8 oder 9
- Solidaritätszuschlag von der Lohnsteuer	Solidaritätszuschlag beträgt 5,5 % von der Lohnsteuer für Einkommen > 80.000 €	5,5
- Sachbezüge		
= Netto	nach Abzug der Steuern und Pflichtbeiträge	
- vermögenswirksame Leistungen	gesamte VWL von AN+AG	
- persönliche Abzüge	z.B. Pfändungen, Werkseinkäufe	
+ Zulagen St.-u SV-frei	z.B. Nacht-, Sonn- u Feiertagszuschläge	
= Auszahlung		

Sozialversicherung in Kürze (2025)

Rentenversicherung	Krankenversicherung	Pflegeversicherung	Unfallversicherung	Arbeitslosen-versicherung
Rentenzahlung ab 67 Jahren (Ausnahmen!) Höhe im Durchschnitt 67% vom Netto. *Beitragssatz heute (2025) 18,6% des sozialversicherungspflichtigen Einkommens. Davon trägt der Arbeitgeber die Hälfte: 9,3%.* Die Höchstgrenze, von der die Beiträge abgezogen werden, liegt 2025 bei 8.050 €. *Keine Sozialversicherungspflicht besteht für Beschäftigte, die weniger als 556 € im Monat beziehen. Zwischen 556 € und 2.000 € gibt es einen Übergangsbereich (früher: Gleitzone) bis zur vollen Beitragshöhe.*	Die Krankenversicherung setzt ein, wenn die Lohnfortzahlung nach 6 Wochen aussetzt. *Die Krankenkasse zahlt Krankengeld für weitere 72 Wochen bei gleicher Krankheit.* Der Krankenversicherungsbeitrag liegt 2025 bei 14,6 % des versicherungspflichtigen Einkommens und wird zur Hälfte vom Arbeitgeber getragen. *Die Höhe des Krankengeldes beträgt 70% des letzten Brutto (bis zur Beitrags-Höchstgrenze 5.512,50 €), aber nicht mehr als 90% des letzten Netto.*	Bereits über 2 Millionen Menschen in Deutschland brauchen die Pflegeversicherung, die fremde oder häusliche Hilfeleistungen bezahlt. *Der allgemeine Beitrag für die Pflegeversicherung beträgt 3,6 %, die je zur Hälfte auch vom Arbeitgeber getragen werden. (Kinderlos + 0,6 % NUR AN!)* Je nach Schwere der Erkrankung werden Leistungen für fünf Pflegegrade gezahlt. *Beitrags-Höchstgrenze wie bei der KV.*	Die Unfallversicherung wird von den Berufsgenossenschaften getragen und ausschließlich vom Arbeitgeber finanziert. *Die Höhe der Beiträge richtet sich nach der Gefahrenklasse, in die der Betrieb eingestuft wurde.* Der Versicherungsschutz bezieht sich nur auf solche Ereignisse, die mit der Beschäftigung im Betrieb oder dem direkten (!) Weg von und zur Arbeit zu tun haben. *Leistungen: Unfallverhütung betreiben, Unfallrente zahlen, Umschulungen, Hinterbliebenenrente u.a.*	Im Falle der Arbeitslosigkeit gibt es Arbeitslosengeld. Dies wird halb so lange gezahlt wie man dauerhaft beschäftigt war, maximal jedoch 24 Monate. *Der monatliche Betrag liegt bei > 46% des monatlichen Brutto.* Die Versicherung kostet 2,6% des Brutto und wird vom Arbeitgeber mit 1,3% hälftig mitgetragen. Auch hier gelten die Beitragsbemessungsgrenzen wie bei der Rentenversicherung. *Ist man immer noch arbeitslos, dann tritt die Grundsicherung an diese Stelle.*

Interne oder externe Stellen-Ausschreibung?

Der Betriebsrat hat das Recht auf eine interne Ausschreibung

Vorteile intern	Vorteile extern
• Eröffnung von Aufstiegschancen • Motivation der Mitarbeiter • stärkere Bindung an den Betrieb • geringere Einarbeitungszeit • geringere Beschaffungskosten • gute Kenntnis der Qualifikationen • betriebliches Lohnniveau bleibt erhalten • schnellere Stellenbesetzungsmöglichkeit • Einstiegsmöglichkeiten für Nachwuchskräfte werden frei • Stelle ist kurzfristig besetzbar • gezielte Förderung wird möglich • transparente Personalpolitik • Unternehmensimage verbessert sich • Man „kennt“ den Mitarbeiter sehr gut	• große Auswahl • Verringerung der Betriebsblindheit • Qualifikationsvergleich interner und externer Mitarbeiter möglich • geringe Fortbildungskosten, da Qualifikation schon vorhanden • keine interne Versetzungsspirale notwendig • Einbringen von neuen Impulsen in den Betrieb • Fremdes Know-how bereichert
Nachteile intern	**Nachteile extern**
• geringe Auswahlmöglichkeiten • Enttäuschung bei abgelehnten Kollegen • kollegiale Bindungen erschweren Sachentscheidungen • Versetzung löst Bedarf an anderer Stelle aus • kaum neue Arbeitskräfte beleben das Unternehmen • Förderung der Betriebsblindheit	• hohe Beschaffungskosten durch Stellenanzeigen, Auswahl und Vergleich oder Einschaltung von Vermittlern • Risiko einer Fehlbesetzung • Eingliederungsschwierigkeiten möglich • Die Gehälter von „Neuen“ sind häufig höher als die der „Internen“ • Demotivation qualifizierter interner Mitarbeiter möglich

Personalunterlagen

zur Person	zur SozialVers + Steuer	Kopien von Urkunden	zur Gehaltsabrechnung	sonstige
• Bewerbungsschreiben • Arbeitszeugnisse • Schulzeugnisse • Berufsabschluss • Lebenslauf • Passbild • Führungszeugnis • Aufenthaltserlaubnis • Arbeitserlaubnis • Nebenbeschäftigungen	• Krankenkasse • Sozialversicherungsausweis • Zusatzversorgungen • vermögenswirksame Leistungen • Lohn/Gehaltsbescheinigungen • Lohnsteuerangaben	• Führerschein • Schwerbehinderten-Ausweis • Pfändungsbeschluss • Gesundheitszeugnis	• Heiratsurkunde • Geburtsurkunden • Sterbeurkunde des Ehegatten	• Personalbogen • Urlaubsliste • Fehlzeiten • Beurteilungen • Ermahnungen • Abmahnungen • Weiterbildungsnachweis

Rechtliche Grundlagen: Die Sammlung der für das Arbeitsverhältnis relevanten Unterlagen durch den Arbeitgeber wird durch arbeitsrechtliche Vorschriften bestimmt. Der Mitarbeiter hat das Recht, die Personalakte einzusehen. Personalakten sind strikt vertraulich zu behandeln. Wenn personenbezogene Daten von mindestens zwanzig Mitarbeitern automatisiert oder in sonstiger Form verarbeitet werden, muss der Betrieb einen Datenschutzbeauftragten bestellen.

Die Beurteilung von Mitarbeitern

einfaches Zeugnis	qualifiziertes Zeugnis
1. Angaben zur Person Name, Vorname, Wohnort, Straße Geburtsdatum, Geburtsort 2. Ein- und Austrittsdatum 3. Beschreibung des Aufgabengebietes 4. Ort, Datum, Unterschrift 5. Angaben zum Arbeitgeber (Unternehmen)	Das qualifizierte Zeugnis enthält neben den Angaben des einfachen Zeugnisses noch eine Bewertung von Verhalten und Leistung, wie etwa: ▶ Art der Leistung ▶ Fachwissen ▶ Leistungsbereitschaft ▶ Teamverhalten ▶ Führungsqualität ▶ Sozialverhalten Bitte beachten: *Ein Zeugnis darf keine negativen Formulierungen enthalten!*

Fehlerquellen von Zeugnissen und Beurteilungen: Schlamperei + Subjektivität + Vorurteile + Charakterschwäche

Beurteilung eines Arbeitsplatzes nach dem Genfer Schema:

Können => Fachkenntnisse, Geschicklichkeit
Verantwortung => für die eigene und andere Arbeiten
Belastung => geistige und körperliche Belastung, Aufmerksamkeit, Denkfähigkeit, Muskelkraft
Arbeitsbedingungen => Umgebungseinflüsse wie Klima, Nässe, Schmutz, Staub, Dämpfe, Lichtmangel, Blendung...

Formulierungen zur Beurteilung von Leistungen

Note	Zeugnisformulierung
1	Die übertragenen Arbeiten wurden stets zu unserer vollsten Zufriedenheit erledigt
1-2	Die ihm/ihr übertragenen Arbeiten wurden zu unserer vollsten Zufriedenheit erledigt.
2	Die übertragenen Arbeiten wurden stets zu unserer vollen Zufriedenheit erledigt
3	Die ihm/ihr übertragenen Arbeiten wurden zu unserer vollen Zufriedenheit erledigt.
3-4	Die übertragenen Arbeiten wurden stets zu unserer Zufriedenheit erledigt.
4	Die übertragenen Arbeiten wurden zu unserer Zufriedenheit erledigt.
5	Die übertragenen Arbeiten wurden im Großen und Ganzen zu unserer Zufriedenheit erledigt.
5-6	Er/Sie war stets bemüht, die übertragenen Arbeiten zu unserer Zufriedenheit zu erledigen
6	Er/Sie hat sich bemüht, die übertragenen Arbeiten zu unserer Zufriedenheit zu erledigen.
5	Er/Sie entsprach unseren Erwartungen (*aber leider auch nicht mehr)*
6	Seine/Ihre freundliche und gesellige Art wurde allseits geschätzt *(Betriebskasper/unter Alkohol)*
6	Er/Sie verstand es immer wieder, Aufgaben erfolgreich zu delegieren *(Drückeberger, faul)*
5	Er/Sie war beispielhaft pünktlich *(mehr war allerdings nicht positiv zu vermerken)*
3-4	Er/Sie erfüllte die ihm/ihr übertragenen Aufgaben stets ordnungsgemäß *(guter Arbeiter, aber kein Esprit, keine Initiative)*
2	Er/Sie konnte die Mitarbeiter gut motivieren *(gute Personalführung)*

Kündigungsregelungen

Kündigungsschutzgesetz § 1:
Sozial ungerechtfertigte Kündigungen

(1) Die Kündigung ... ist rechtsunwirksam, wenn sie sozial ungerechtfertigt ist.
(2) Sozial ungerechtfertigt ist die Kündigung, wenn sie nicht durch Gründe, die in der Person oder in dem Verhalten des Arbeitnehmers liegen, oder durch dringende betriebliche Erfordernisse bedingt ist.

Außerordentliche Kündigung nach § 626 BGB (fristlose Kündigung)

(1) Das Dienstverhältnis kann von jedem Vertragsteil aus wichtigem Grund ohne Einhaltung einer Kündigungsfrist gekündigt werden
(2) Die Kündigung kann nur innerhalb von zwei Wochen erfolgen.
z. B. Diebstahl - Arbeitsverweigerung - mutwillige Zerstörung - Trunkenheit - Unterschlagung - Tätlichkeiten - Ehrverletzung - sexuelles Fehlverhalten - Verletzung des Betriebsgeheimnisses - Verletzung des Wettbewerbsverbotes - keine Lohnzahlung - unangemeldeter (wilder) Streik - Verletzung des Arbeitsfriedens

Bevor jemand wegen schlechter Leistung oder unentschuldigtem Fehlen gekündigt wird, muss er eine ***Abmahnung*** *(schriftlich, begründet) erhalten haben.*

Beschäftigungsdauer	Frist	zum	für AN/AG
innerhalb Probezeit (max 6 M)	2 WO		AN AG
< 2 J	4 WO	15. oder Monats-Ende = ME	AN AG
2 J	1 Mon	ME	AG
5 J	2 Mon	ME	AG
8 J	3 Mon	ME	AG
10 J	4 Mon	ME	AG
12 J	5 Mon	ME	AG
15 J	6 Mon	ME	AG
≥ 20 J	7 Mon	ME	AG

Während einer vereinbarten Probezeit, längstens für die Dauer von sechs Monaten, kann das Arbeitsverhältnis beidseitig mit einer Frist von zwei Wochen gekündigt werden.
Der Arbeitnehmer kann - wenn keine vertraglichen Vereinbarungen vorliegen - immer innerhalb der 4-Wochen-Frist kündigen (zum 15. oder ME). **Nur** der Arbeitgeber muss die o.a. Fristen wahren.

Sonderkündigungsregeln

▶ Auszubildende (Berufsbildungsgesetz)
können nur während der Probezeit (mindestens 1 Monat / höchstens 4 Monate) - hier allerdings ohne Angabe von Gründen - danach nur aus wichtigem Grund gekündigt werden

▶ Schwerbehinderte (§ 85ff. SGB IX)
können nur mit Zustimmung des Integrationsamtes gekündigt werden (Frist mindestens 4 Wochen)

▶ Werdende Mütter (§ 17 MuSchG)
dürfen 6 Wochen vor und 8 Wochen nach der Entbindung nicht beschäftigt werden. Zusätzlich ist eine Kündigung ab Kenntnis der Schwangerschaft bis 4 Monate nach der Entbindung - auch für außerordentliche Fälle - unzulässig. Hinzu kommt der Anspruch auf Elternzeit (36 Monate - auch Väter!). Während der Elternzeit ist eine (normale) Kündigung unzulässig. Der Elternzeitberechtigte kann nur unter Einhaltung einer Kündigungsfrist von 3 Monaten zum Ende der Elternzeit kündigen.

▶ Betriebsratmitglieder (§ 15 KSchG)
dürfen während ihrer Zugehörigkeit und bis ein Jahr nach Beendigung der Tätigkeit nicht gekündigt werden. Dies gilt auch für Jugendvertreter. Zustimmung nach § 103 BetrVG erforderlich.

Stichworte aus dem Bereich WISO 1

Stichwort	Kurzerläuterung
Gewinnverteilung GmbH	Die Verteilung des Gewinns einer GmbH erfolgt - wenn keine andere Regelung im Gesellschaftsvertrag getroffen wird - im Verhältnis der Geschäftsanteile. Beispiel: Die mit 100.000 € gegründete Schluck+Specht GmbH hat zwei Gesellschafter, Schluck (30.000 € Einlage) und Specht (70.000 € Einlage). Der Gewinn nach Steuern beträgt 210.000 €. Davon erhält Schluck 30% = 63.000 € und Specht 70% = 147.000 €.
Wann endet die Ausbildung?	Die Ausbildungszeit endet grundsätzlich mit der Bekanntgabe des (positiven) Prüfungsergebnisses. Ist das Ergebnis negativ, so verlängert sich die Ausbildungszeit bis zur nächsten Prüfung.
Sonderfall: Geschäftsfähigkeit lt. § 113 BGB für beschränkt Geschäftsfähige	Wenn ein Minderjähriger von seinen Eltern die Genehmigung hatte, ein Dienstverhältnis einzugehen, dann hat dieser bisher beschränkt Geschäftsfähige jetzt die VOLLE Geschäftsfähigkeit, aber nur für die Verträge, die sich aus dem Dienstvertrag ergeben. Er kann jetzt also in die Gewerkschaft eintreten, er kann das Dienstverhältnis kündigen etc. § 113 BGB gilt jedoch nicht für Ausbildungsverträge.
Konzern	Sind mehrere Unternehmen unter einer einheitlichen Leitung eines beherrschenden Unternehmens zusammengefasst, bilden sie einen Konzern.
ALG1 nach Lehre?	Ja. Auszubildende sind sozialversicherungspflichtig und daher - wie jeder andere Arbeitnehmer - für das Arbeitslosengeld anspruchsberechtigt (1 Jahr 60% von der Netto-Ausbildungsvergütung).
Wann Eigentümer?	Eigentümer einer Sache wird man mit der Übergabe. Allerdings ist der Verkäufer verpflichtet, dem Käufer das Eigentum zu übertragen und die Sache zu übergeben.
Katalog-Bestellung Kaufvertrag?	Bestellt ein Endverbraucher über Katalog oder Internet, so ist das i.d.R. eine erste Willenserklärung, denn Katalog oder Online-Shop sind keine rechtlich bindenden Angebote. Erst durch die Bestätigung des Verkäufers (zweite Willenserklärung) kommt es zum Vertrag.

Stichworte aus dem Bereich WISO 2

Stichwort	Kurzerläuterung
Fürsorgepflicht - Dienstleistungspflicht	Der Arbeitgeber muss Arbeitsbedingungen schaffen, die den Beschäftigten vor allen Gefahren schützt. Insbesondere muss er den Beschäftigten zur Sozialversicherung anmelden. Der Arbeitnehmer muss die Leistungen erbringen, die aus seinem Arbeitsvertrag hervorgehen.
Manteltarifvertrag Rahmentarifvertrag Branchen-Tarifvertrag Betriebsvereinbarung Arbeitsvertrag	→ keine konkreten Vergütungshöhen, → keine Eingruppierungen, → aber längerfristige Vereinbarungen wie etwa die Kündigungsbedingungen, die Urlaubsdauer, die Zuschläge, vermögenswirksame Leistungen... → meist längere Laufzeit, → meist Tätigkeits- und Quali-Merkmale für die Lohn- und Gehaltsgruppen → gilt für die Branche, → oder gilt für eine Fläche (Gebiet) → Vereinbarung zwischen Arbeitgeber und Betriebsrat (Grundlage ist das Betriebsverfassungsgesetz) → privatrechtlicher Vertrag zwischen Arbeitnehmer und Arbeitgeber
Urlaubsanspruch	Nach Bundesurlaubsgesetz mindestens 24 Werktage (= 2 Werktage pro Monat)
Wettbewerbsrecht Verkauf unter HK?	Wenn ein Unternehmen auf Dauer unter den Herstellungskosten verkauft, ist dies nicht zulässig. Anders ist das, wenn das Unternehmen das „gelegentlich" tut oder wenn es sachlich gerechtfertigt ist. Immer strittig!
Transferzahlungen des Staates an die Haushalte	Leistungen des Staates, die keine Gegenleistung erfordern, sind meist sozial begründet und immer in der sozialen Marktwirtschaft zu finden. Beispiele: Kindergeld, Bürgergeld, Bafög (Teil)
Wann gibt es Preissteigerungen?	Preisteigerungen gibt es immer dann, wenn mehr Geld als Güter da ist, weil sich die Menschen (Nachfrager) die Güter unbedingt sichern wollen. Wird ein Gut knapp, wird es teurer (Wohnungen in Hamburg)
Was ist Recycling?	Flasche → Glasmülltonne → Glasbrennerei → Glasbläser → Glas 

Eigene Ergänzungen

Kontoauszug buchen

```
Konto IBAN DE 25 4300 6000 0000 3600 25      Auszug 12
Sparkasse Menden USt-IdNr. DE 345 435 543     Blatt 1
Datum Erläuterungen                            Betrag
Kontostand in EUR am 11.11... Auszug Nr.11  34.567,55+
13.11. Eingang  Wert: 13.11....              2.455,88+
       Fremd AG
       RE 334455 - KNr 4711
       Skonto 2%
                                        --------------
Kontostand am 13.11....   11.15 Uhr         37.023,43+
Kontostand kann Beträge mit späterer Wertstellung enthalten

       Ihr Dispositionskredit 180.000 EUR
```

A

1. Im Rechnungswesen liegt der linke Kontoauszug vor. Sie kontieren:

   Kreditinstitute (131) + Umsatzsteuer (180) + Kundenskonti (808)
   an Forderungen aLL (101)

2. Ermitteln Sie den Brutto-Rechnungsbetrag!
   *98% → 2.455,88 ... 100% → 100 * 2.455,88 / 98 =* ***2.506,- [EUR]***

3. Ermitteln Sie den Skontobetrag (brutto)!
   2.506,00 - 2.455,88 = ***50,12 [EUR]***

4. Um wie viel EUR muss die Umsatzsteuer korrigiert werden?
   *119% → 50,12 ... 19% → 19 * 50,12 / 119 =* ***8,00 [EUR]***

```
Konto IBAN DE 25 4300 6000 0000 3600 25      Auszug 13
Sparkasse Menden USt-IdNr. DE 345 435 543     Blatt 1
Datum Erläuterungen                            Betrag
Kontostand in EUR am 13.11... Auszug Nr.12  37.023,43+
14.11. Überweisung an X Wert: 14.11....      4.856,00-
       abzüglich Skonto 3%
       RE 896524 - KNr 01946
14.11. Zinsen 11/12 (Darlehen 0815)            550,00-
                                        --------------
Kontostand am 14.11....   15.45 Uhr         31.617,43+
Kontostand kann Beträge mit späterer Wertstellung enthalten

       Ihr Dispositionskredit 180.000 EUR
```

B

1. Eine Überweisung ist zu buchen:
   Verbindlichkeiten aLL (171)
   an Kreditinstitute (131) + Vorsteuer (140) + Lieferantenskonti (308)

2. Die Zinsen für November werden abgebucht, Buchung:
   Zinsen (210)
   an Kreditinstitute (131)

3. Berechnen Sie den Brutto-Rechnungsbetrag für die Überweisung von 4.856,00 EUR

   *97% → 4.856,- ... 100% → 100 * 4.856 / 97 =* ***5.006,19 [EUR]***

Buchungssätze

Rund um Eingangsrechnungen

FREMD AG

WIR-GmbH

....

....

Rechnung Notebooks

5 x VISTA 200 (2342) à 444,-	2.220,00 €
3 x RAMBA 1 (3456) à 567,-	1.701,00 €
2 x ZAMBA 3 (6551) à 777,-	1.554,00 €
gesamt I	5.475,00 €
Fracht und Verpackung	25,00 €
gesamt II	5.500,00 €
Umsatzsteuer 19 %	1.045,00 €
Rechnungsbetrag	**6.545,00 €**

Zahlungsbedingungen:
10 Tage/2 % Skonto vom Warenwert; 30 Tage netto

Kauf von Notebooks (Handelswaren) auf Ziel (s. Eingangsrechnung links)	Wareneingang (301) + Warenbezugskosten (302)* + Vorsteuer (140) an Verbindlichkeiten aLL (171)
Wir begleichen diese Notebooks unter Skontoabzug (s. Eingangsrechnung)	Verbindlichkeiten aLL (171) an Kreditinstitute (131) Lieferantenskonti (308) an Vorsteuer (140)
Wir errechnen den skontierten Überweisungsbetrag (Skonto nur vom Warenwert!)	5.475 * 0,98 = 5.365,50 + 25,00 = 5.390,50 * 1,19 = **6.414,70**
*Wir „kaufen“ das Verpackungsmaterial im Zuge der Warenlieferung	Warenbezugskosten (302) + Vorsteuer (140) an Verbindlichkeiten aLL (171)
*Wir „kaufen“ die Transportdienstleistung/Fracht im Zuge der Warenlieferung	Warenbezugskosten (302) + Vorsteuer (140) an Verbindlichkeiten aLL (171)

Merke: Immer, wenn wir eine Rechnung erhalten und nicht sofort überweisen, lautet der HABEN-Teil des BS: an Verbindlichkeiten aLL (171).
Erst, wenn diese Verbindlichkeiten bezahlt werden, stehen diese Verbindlichkeiten aus Lieferungen und Leistungen im SOLL.

Buchungssätze

Rund um eingehende Rechnungen

1	Wir kaufen Waren, unser Lieferant berechnet Fracht + Verpackung	Wareneingang (301) Warenbezugskosten (302) Vorsteuer (140)	an Verbindlichkeiten aLL (171)
2	Wir überweisen den Rechnungsbetrag aus dem Wareneinkauf per Bank unter Abzug von Skonto	Verbindlichkeiten aLL (171)	an Kreditinstitute (131) an Vorsteuer (140) an Lieferantenskonti (308)
3	Unser Lieferant erteilt uns eine Gutschrift für zurückgesandte Transportbehälter	Verbindlichkeiten aLL (171)	an Warenbezugskosten (302) an Vorsteuer (140)
4	Wir kaufen einen neuen Firmen-PKW	Fuhrpark (034) Vorsteuer (140)	an Verbindlichkeiten aLL (171)
5	Wir lassen unsere Geschäftsräume von einem Malerbetrieb frisch streichen	Betriebskosten, Instandhaltung (470) Vorsteuer (140)	an Verbindlichkeiten aLL (171)
6	Wir begleichen die Handwerkerrechnung per Banküberweisung	Verbindlichkeiten aLL (171)	an Kreditinstitute (131)
7	Unser Mitgliedsbeitrag für die IHK wird per Bankeinzug beglichen	Beiträge (427)	an Kreditinstitute (131)
8	Wir beauftragen einen Kurierdienst mit der Lieferung von Waren an unseren Kunden	Ausgangsfrachten (462) Vorsteuer (140)	an Verbindlichkeiten aLL (171)

Buchungssätze

Rund um Ausgangsrechnungen

1	Wir verkaufen Waren (einschließlich Verpackungs- und Frachtkosten) an unseren Kunden	Forderungen aLL (101)	an Warenverkauf (801) an Umsatzsteuer (180)
2	Der Kunde zahlt diese Waren unter Skontoabzug	Kreditinstitute (131) Kundenskonti (808) Umsatzsteuer (180)	an Forderungen aLL (101)
3	Wir erstellen eine Gutschrift für unseren Kunden für zurückgelieferte Ware	Rücksendung von Kunden (805) Umsatzsteuer (180)	an Forderungen aLL (101)
4			
5			
6			
7			
8			

Buchungssätze

Rund um Abschreibungen und Abgrenzungen

		SOLL	HABEN
1	Eine Maschine wird abgeschrieben	Abschreibungen auf Sachanlagen (051)	an Technische Anlagen und Maschinen (031)
2	Wir verkaufen einen abgeschriebenen LKW (Restwert 10.000 € netto + 1.900 € USt) gg. Bank	Kreditinstitute (131) 11.900 €	an Erlöse aus Anlagenabgang (270) 10.000 € an Umsatzsteuer (180) 1.900 €
3	Eine für Dezember geplante Reparatur kann erst im Januar n.J. durchgeführt werden	Instandhaltung (470)	an sonstige Rückstellungen (0724)
4	Unsere Versicherung für einen LKW wird per Jahresbeitrag am 01.05. im Voraus fällig	Versicherungsbeiträge (426) Aktive Rechnungsabgrenzung (091) → ARAG = Jahresbetrag/12*4(Monate)	an Kreditinstitute (131)

HEUTE!

Abgrenzungen am Jahresende

Welcher Fall liegt vor?

Aufwand HEUTE Zahlung nächstes Jahr? [Pacht für HEUTE?]	Ertrag HEUTE Zahlung nächstes Jahr? [Zinsertrag für HEUTE?]	Zahlung HEUTE Aufwand nächstes Jahr? [Leasingrate f. nächstes J.?]	Zahlung HEUTE Ertrag nächstes Jahr? [Mietertrag f. nächstes J.?]
↓ Dann haben wir HEUTE noch eine Verbindlichkeit: → *Pacht an SoV* *410 an 194*	↓ Dann haben wir HEUTE noch eine Forderung: → *SoFo an Zinserträge* *113 an 260*	Dann haben wir HEUTE schon etwas ausgegeben, das erst nächstes Jahr z. Aufwand wird: → *Leasing an Bank* *410 an 131* → *ARAG an Leasing* *091 an 410*	Dann haben wir HEUTE schon etwas eingenommen, das erst im neuen J. zum Ertrag wird: → *Bank an Mieterträge* *131 an 242* → *Mieterträge an PRAG* *242 an 093*
===> sonstige Verbindlichkeit (SoV)	**===> sonstige Forderungen (SoFo)**	**===> (ARAG) Aktive Rechnungsabgrenzung**	**===> (PRAG)Passive Rechnungsabgrenzung**
↓ NÄCHSTES Jahr wird bezahlt: → *sonstige VB an Bank* *194 an 131*	↓ NÄCHSTES Jahr schreibt die Bank unsere Zinsen gut: → *Bank an sonstige FO* *131 an 113*	↓ NÄCHSTES Jahr wird gebucht: → Leasing *an ARAG* *410 an 091*	↓ NÄCHSTES Jahr wird gebucht: → PRAG *an Mieterträge* *093 an 242*

NÄCHSTES Jahr

Fließt das Geld im alten Jahr, buche ARA oder PRA - kommt die Kohle nach Silvester, buche SONSTIGES, mein Bester!

HEUTE = 31.12.xy

Abgrenzungen am Jahresende 2

Beispiele

Die Leasingrate (440 €) für Dezember wird erst im neuen Jahr in Rechnung gestellt	Wir erhalten für unsere Vermittlungen vom 01.10. bis 31.12. noch Provision (2.200 €)	Am 1.12. bezahlen wir 3.300 € für Dez., Jan. und Feb. Instandhaltungspauschale → *Instandhaltung (470)* *an Bank (131) 3.300 €*	Am 1.11. erhalten wir 4.500 € für Nov., Dez. und Jan. Miete. → *Bank (131)* *an Mietertr. (242) 4.500 €*
Dann haben wir HEUTE noch eine Verbindlichkeit: → *Leasing (410) 440 €* *an SoV (194) 440 €*	also haben wir HEUTE noch eine Forderung: → *SoFo (113) 2.200 €* *an Provisionen (450) 2.200 €*	Dann haben wir HEUTE schon 2.200 € ausgegeben, das erst nächstes Jahr z. Aufwand wird: 3.300/3 Mon → 2.200/2 Mon → *ARAG (091)* *an Instandh. (470) 2.200 €*	Dann haben wir HEUTE schon 1.500 € eingenommen, das erst im neuen J. zum Ertrag wird: 4.500/3 Mon → 1.500/1 Mon → *Mieterträge (242)* *an PRAG (093) 1.500 €*
===> sonstige Verbindlichkeit (SoV)	**===> sonstige Forderungen (SoFo)**	**===> (ARAG) Aktive Rechnungsabgrenzung**	**===> (PRAG)Passive Rechnungsabgrenzung**
<u>NÄCHSTES</u> Jahr wird bezahlt: → *SoV (194) 440 €* *an Bank (131) 440 €*	<u>NÄCHSTES</u> Jahr wird uns diese Provision überwiesen: → Bank (131) 2.200 € an SoFo (113) 2.200 €	<u>NÄCHSTES</u> Jahr wird gebucht: → *Instandhaltung (470)* *an ARAG (091) 2.200 €*	↓ <u>NÄCHSTES</u> Jahr wird gebucht: → *PRAG (093)* *an Mieterträge (242) 1.500 €*

NÄCHSTES Jahr

Abschreibungen (AfA)

[AfA = Absetzung für Abnutzung (→ Bürokratendeutsch)]

Warum?	Bilanzielle Abschreibung (linear)	AfA geringwertiger Güter	kalkulatorische AfA
Jede Anlage verliert jedes Jahr an Wert. Das kann ein gleichbleibender Betrag sein (lineare AfA) oder ein anfangs hoher und dann fallender Betrag (degressive AfA). Auch unterschiedliche Abschreibungshöhen sind möglich bei der nach Leistung angelegten Abschreibung. Diese Wertminderung durch Nutzung, Verschleiß, neue Techniken oder außergewöhnliche Ereignisse wird durch die Abschreibung dargestellt. Dadurch mindert sich der Gewinn.	Die Anschaffungssumme (ohne USt) zuzüglich Fracht und Montage, aber abzüglich Skonto oder Rabatt wird gleichmäßig auf die AfA-Jahre verteilt. Die AfA-Tabellen erstellt das Finanzamt. Werden nur Teile eines Jahres betroffen, wird monatsgenau gerechnet. Beispiel: Solaranlage (AfA=10 J.) am 10.05.20xy Kaufpreis 30.000,- € - Rabatt (5%) 1.500,- € + Fracht 1.900,- € + Montage 8.000,- € abzuschreiben 38.400,- € Jahres-AfA = 38.400 / 10 = 3.840,- € p.a. 1. Jahr = 3.840 / 12 mon = 320,- € p.m. 320,- x 8 mon = 2.560,- € im 1. Jahr	Solange die erworbenen Güter den Nettowert von 800,- € nicht überschreiten, können sie sofort auf ein Mal abgeschrieben werden. Sie können aber auch in einem Pool gesammelt werden (Beträge zwischen 250,- und 1.000,- €). Dieser Pool wird dann über fünf Jahre abgeschrieben, egal, ob einzelne Güter sonst eine höhere AfA-Vorgabe durch das Finanzamt haben. Unter 250,- € kann nur direkt abgeschrieben werden.	Mit den kalkulatorischen Abschreibungen will man von den starren Abschreibungskosten bewusst abweichen, um die Abschreibungen so zu gestalten, dass am Ende die Anlage zum Wiederbeschaffungswert finanziert werden kann. Zudem will man der tatsächlichen Abnutzung näher kommen, z.B. durch Abschreibung nach Leistung. Weil man anders abschreibt, spricht man bei den Kostendifferenzen von Anderskosten.
	Bilanzielle Abschreibung (degressiv)	**Was spricht für lineare AfA?**	**andere kalkulatorische Kosten**
	Diese Methode war steuerrechtlich einige Jahre nicht zulässig, da sie jedoch als konjunkturfördernd gilt, wurde sie im Zuge des Wachstumschancengesetzes für bestimmte Zeiträume wieder eingeführt. Man startet z.B. mit dem 3,0-Fachen des prozentualen linearen Satzes (max. 30 %) und im Folgejahr schreibt man den gleichen Prozentsatz vom REST-Wert ab.	→ einfach zu rechnen → Anschaffungskosten ./. Jahre → AfA / Jahr ist gleich hoch → gleiche Nutzung unterstellt	→ kalkulatorische Zinsen → kalkulatorischer Unternehmerlohn → kalkulatorische Wagnisse

Bilanzauswertung 1

Bilanz zum 31.12.20xx			
Aktiva		**Passiva**	
Grundstücke	124.000 €	Eigenkapital	492.000 €
Gebäude	320.000 €	Fremdkapital Darlehen	220.000 €
Lagereinrichtung	88.000 €		
Fuhrpark	280.000 €	Verbindlichkeiten an Lieferer	240.000 €
Forderungen an Kunden	32.000 €		
Kasse	12.000 €		
Bank	96.000 €		
	952.000 €		952.000 €

Aufgaben

Berechnen Sie das Eigenkapital:

1. Ermitteln der Summe der Aktiva (952.000)
2. Übertragung dieser Summe auf die Passiv-Seite
3. Abziehen aller Schulden (Fremdkapital, also 952.000 - 220.000 und - 240.000)
4. Ergebnis ist das Eigenkapital.

Ermitteln Sie, wie wie Prozent Eigenkapital (vom Gesamtkapital) dieses Unternehmen aufweist!

Gesamtkapital → 100 %
Eigenkapital → x %

x = Eigenkapital • 100 / Gesamtkapital
x = 492.000 • 100 / 952.000 = 51,6807 %

Aus der Gewinn- und Verlustrechnung:
Gewinn = 19.680 € und
Zinsen für das Fremdkapital = 43.700 €.
Damit können wir jetzt ausrechnen, zu wie viel Prozent sich das Eigenkapital verzinst = Rentabilität des Eigenkapitals R_{EK}
Für das Gesamtkapital müssen auch die Zinsen für das Fremdkapital erwirtschaftet werden: R_{GK}

Eigenkapital → 100 %
Gewinn → x %

x = R_{EK} = Gewinn • 100 / Eigenkapital =
= 19.680 • 100 / 492.000 = 4% R_{EK}

Gesamtkapital → 100 %
(Gewinn + FK-Zinsen) → x %

x = R_{GK} = (Gewinn+FKZinsen) • 100 / Gesamtkapital =
= (19.680+43.700) • 100 / 952.000 = 6,7% R_{GK}

Formeln:

$$R_{EK} = \frac{Gewinn \cdot 100}{Eigenkapital}$$

$$R_{GK} = \frac{(Gewinn + FKZinsen) \cdot 100}{Gesamtkapital}$$

Bilanzauswertung 2

Bilanz zum 31.12.20xx			
Aktiva			Passiva
Grundstücke	124.000 €	Eigenkapital	492.000 €
Gebäude	320.000 €	Fremdkapital Darlehen	220.000 €
Lagereinrichtung	88.000 €		
Fuhrpark	230.000 €	langfristige Verbindlichkeiten	160.000 €
Fuhrpark Umlaufvermög.	50.000 €	kurzfristige Verbindlichkeiten	80.000 €
Forderungen an Kunden	32.000 €		
Kasse	12.000 €		
Bank	96.000 €		
	952.000 €		952.000 €

Zum Anlagevermögen gehören alle langfristig gebundenen Vermögenswerte, hier Grundstücke, Gebäude, Lagereinrichtung und der langfristige Teil des Fuhrparkvermögens.

AV = 124.000 + 320.000 + 88.000 + 230.000 = 762.000 [€]

Das Umlaufvermögen ist der zum Gesamtvermögen ergänzende Rest, also

UV = 50.000 + 32.000 + 12.000 + 96.000 = 190.000 [€]

Liquidität

$$1.\ Grades = \frac{flüssige\ Mittel}{kurzfristige\ Verbindlichkeiten} \cdot 100 \qquad L1 = \frac{108.000}{80.000} \cdot 100 = 135\ [\%]$$

$$2.\ Grades = \frac{flüssige\ Mittel + kurzfristige\ Forderungen}{kurzfristige\ Verbindlichkeiten} \cdot 100 \qquad L2 = \frac{140.000}{80.000} \cdot 100 = 175\ [\%]$$

$$3.\ Grades = \frac{(flüssige\ Mittel + kurzfristige\ Forderungen + Vorräte) = UV}{kurzfristige\ Verbindlichkeiten} \cdot 100 \qquad L3 = \frac{190.000}{80.000} \cdot 100 = 237{,}5\ [\%]$$

Es ist immer gut, wenn die kurzfristigen Schulden auch abgedeckt sind durch kurzfristiges Vermögen. Insofern hat das Unternehmen keine Sorgen, ständig zahlungsbereit zu sein (*Vorteil*). Aber bei hoher Liquidität fängt man mit diesen Vermögensteilen nichts an, man investiert nicht, man verdient nicht. Deshalb sagt man auch: Liquidität kostet Rentabilität. (*Nachteil*)

$$Anlageintensität = \frac{Anlagevermögen}{Gesamtvermögen} \cdot 100 \qquad Aint = \frac{762.000}{952.000} \cdot 100 = 80{,}04\ [\%]$$

Anlageintensität = sehr hoch - ist reaktionslangsam bei Marktveränderungen
Anlageintensität = sehr niedrig - weist auf evtl. zu geringe (Neu-)investitionen hin

$$Umlaufintensität = \frac{Umlaufvermögen}{Gesamtvermögen} \cdot 100 \qquad Uint = \frac{190.000}{952.000} \cdot 100 = 19{,}96\ [\%]$$

Die Umlaufintensität und die Anlageintensität ergeben zusammen immer 100%

$$Verschuldungsgrad = \frac{Fremdkapital}{Eigenkapital} \cdot 100 \qquad VG = \frac{460.000}{492.000} \cdot 100 = 93{,}5\ [\%]$$

Ein Unternehmen arbeitet immer riskanter, je höher der Verschuldungsgrad ist.
Faustregel: VG < 200 %

Bilanzauswertung 3

Bilanz zum 31.12.20xx in Euro (€)

Aktiva		Passiva	
Grundstücke + Gebäude	400.000	Eigenkapital	490.000
Maschinen	200.000	Rücklagen	49.000
Geschäftsausstattung	150.000	Rückstellungen	60.000
Vorräte	180.000	Darlehen (langfristig)	241.000
Forderungen a.LL	80.000	Darlehen (kurzfristig)	120.000
Bankguthaben	50.000	Verbindlichkeiten a. LL	110.000
Kasse	10.000		
	1.070.000		1.070.000

Vermögensstruktur

$$\text{Anlageintensität} = \frac{\text{Anlagevermögen}}{\text{Gesamtvermögen}} \cdot 100 = \frac{750.000}{1.070.000} \cdot 100 = 70{,}09\%$$

$$\text{Umlaufintensität} = \frac{\text{Umlaufvermögen}}{\text{Gesamtvermögen}} \cdot 100 = \frac{320.000}{1.070.000} \cdot 100 = 29{,}91\%$$

$$\text{Vorratsquote} = \frac{\text{Vorräte}}{\text{Gesamtvermögen}} \cdot 100 = \frac{180.000}{1.070.000} \cdot 100 = 16{,}82\%$$

$$\text{Forderungsquote} = \frac{\text{Forderungen}}{\text{Gesamtvermögen}} \cdot 100 = \frac{80.000}{1.070.000} \cdot 100 = 7{,}48\%$$

Liquidität

$$\text{Liquidität 1. Grades} = \frac{\text{flüssige Mittel}}{\text{kurzfristiges Fremdkapital}} \cdot 100 = \frac{60.000}{230.000} \cdot 100 = 26{,}09\%$$

$$\text{Liquidität 2. Grades} = \frac{\text{flüssige Mittel + Forderungen}}{\text{kurzfristiges Fremdkapital}} \cdot 100 = \frac{140.000}{230.000} \cdot 100 = 60{,}87\%$$

$$\text{Liquidität 3. Grades} = \frac{\text{Umlaufvermögen}}{\text{kurzfristiges Fremdkapital}} \cdot 100 = \frac{320.000}{230.000} \cdot 100 = 139{,}13\%$$

$$\text{Selbstfinanzierungsgrad} = \frac{\text{Gewinnrücklagen}}{\text{Eigenkapital}} \cdot 100 = \frac{49.000}{539.000} \cdot 100 = 9{,}1\%$$

Anlagendeckung + Kapitalstruktur

$$\text{Deckungsgrad I} = \frac{\text{Eigenkapital}}{\text{Anlagevermögen}} \cdot 100 = \frac{539.000}{750.000} = 71{,}87\%$$

$$\text{Deckungsgrad II} = \frac{\text{Eigenkapital + langfristiges Fremdkapital}}{\text{Anlagevermögen}} \cdot 100 = \frac{840.000}{750.000} \cdot 100 = 112\%$$

$$\text{Eigenkapitalquote} = \frac{\text{Eigenkapital}}{\text{Gesamtkapital}} \cdot 100 = \frac{539.000}{1.070.000} \cdot 100 = 50{,}37\%$$

$$\text{Fremdkapitalquote} = \frac{\text{Fremdkapital}}{\text{Gesamtkapital}} \cdot 100 = \frac{531.000}{1.070.000} \cdot 100 = 49{,}63\%$$

$$\text{Verschuldensgrad} = \frac{\text{Fremdkapital}}{\text{Eigenkapital}} \cdot 100 = \frac{531.000}{539.000} \cdot 100 = 98{,}52\%$$

Betriebsabrechnungsbogen

Mehrstufig (Stufe 1 - Kostenarten verteilen auf drei Hauptkostenstellen + allgemeine Verwaltung, Stufe 2 - allg. Verwaltung verteilen nur noch auf die 3 Hauptkostenstellen)

Betriebsabrechnungsbogen III/2025

Kostenarten	Beträge (€) *vorgegeben*	Schlüssel *vorgegeben* *Summe ( ) errechnet*	allg. Verwaltung €	Kühllager €	Hochregallager €	Freilager €
				Hauptkostenstellen		
Löhne	222.000	1 1:7:1:1 (10)	2 22.200	3 155.400	22.200	22.200
Gehälter	333.333	6:3:2:2 (13)	153.846	76.923	51.282	51.282
Fuhrpark	444.444	1:9:1:1 (12)	37.037	333.333	37.037	37.037
Verwaltung	111.000	4:2:1:1 (08)	55.500	27.750	13.875	13.875
Versicherungen	88.880	1:6:2:2 (11)	8.080	48.480	16.160	16.160
kalkulatorische Zinsen	99.990	3:5:1:1 (10)	29.997	49.995	9.999	9.999
kalkulatorische Abschreibung	234.559	2:7:2:2 (13)	36.086	126.301	36.086	36.086
∑ (Summe) Gemeinkosten	4 1.534.206		5 342.746	818.182	186.639	186.639
+ Umlage allg. Verwaltung		5 4:2:1 (07)		5 195.855	5 97.927	5 48.964
= alle Gemeinkosten je Abteilung				6 1.014.037	284.566	235.603
+ Einzelkosten je Abteilung				3.456.063	1.234.567	1.112.697
= Gesamt-Abteilungskosten				7 4.470.100	1.519.133	1.348.300
Abteilungserlöse				4.888.900	1.788.333	1.555.500
Abteilungsergebnis				8 418.800	269.200	207.200
Gesamtergebnis				9 **895.200**		

Betriebsabrechnungsbogen - Rechnungen

Wenn durch eine Zahl geteilt werden muss, dann schreibe ich „ / “ für „geteilt durch“

1	Die Summe aller Anteile beträgt 1+7+1+1=10.
2	EIN Anteil von 222.000 € beträgt dann 222.000 € / 10 = 22.200 €
3	7 Anteile machen dann 22.200 € mal 7 = 155.400 € | die Schritte 1 bis 3 werden in den nachfolgenden Reihen wiederholt
4	Alle Kosten werden summiert: 222.000 + 333.333 + ... + 99.990 + 234.559 = 1.534.206 Auch die allg. Verwaltungskosten (allg.VWK), Kühllager + Hochregallager + Freilager werden summiert.
5	Die Verteilung der allg.VWK auf die drei Hauptkostenstellen KühlL-HochRL-FreiL ist vorgegeben mit dem Verhältnis 4:2:1. Die Summe aller Anteile ist 4+2+1=7, also beträgt EIN Anteil 342.746 / 7 = 48.964 € (KühlL*4 Anteile, HochRL*2, FreiL*1)
6	Bei den drei Hauptkostenstellen wird wieder summiert, z. B. KühlL: 818.182 + 195.855 = 1.014.037 €
7	Zählt man die Einzelkosten je Abteilung (vorgegeben) dazu, erhält man die Gesamt-Abteilungskosten
8	Zieht man von den Abteilungserlösen diese Gesamt-Abteilungskosten ab, erhält man die Abteilungsergebnisse.
9	Die Summe aller Abteilungsergebnisse führt zum Gesamtergebnis.

120

Jahresüberschuss - Rohergebnis - Cashflow (vereinfacht)

Soll		***8020 Gewinn- und Verlustkonto***	Haben
Roh- und Hilfsstoffaufwendungen	1.123.456,-	Umsatzerlöse	2.159.899,-
Löhne und Gehälter	678.444,-	Miet- und Zinserträge	111.111,-
Abschreibungen	234.555,-	Bestandsveränderungen	333.333,-
Miete, Büromaterial, Werbung, Zinsen	345.666,-		
Jahresüberschuss	222.222,-		
	2.604.343,-		2.604.343,-

Ermitteln Sie anhand dieser Angaben die nachfolgenden Kennziffern:

Erfolgsrechnung (verkürzt)

	Umsatzerlöse	**2.159.899,-**
+	sonstige betriebliche Erträge	111.111,-
-	Materialaufwand	1.123.456,-
+/-	Bestandsveränderungen	333.333,-
=	**Rohergebnis**	**1.480.887,-**
-	Personalaufwand	678.444,-
-	Abschreibungen	234.555,-
-	sonstige Aufwendungen	345.666,-
=	**Jahresüberschuss**	**222.222,-**

Der Cashflow (fett = prüfungsrelevant)

Jahresüberschuss (Gewinn)	**222.222,-**
+ Abschreibungen	**234.555,-**
+/- Veränderungen langfristiger Rückstellungen	
+/- Veränderungen der Rücklagen	
= Cashflow	**456.777,-**

Der Cashflow soll zeigen, wie viel ein Unternehmen tatsächlich erwirtschaftet hat. Wenn etwa die mögliche Sonderabschreibung aus dem Gewinn einen Verlust macht, sagt das noch nichts über die wirkliche wirtschaftliche Kraft. Aber auch Gewinn-Entnahmen, Rücklagen oder langfristige Rückstellungen beschreiben dies im Cashflow.

Deckungsbeitrag bei Handelsware

mit kurz- und langfristiger Preisuntergrenze

Deckungsbeitragsrechnung in der Handelskalkulation

		Beispiel-daten:
	Bezugspreis (Einstandspreis)	1,20 €
+	Handlungskosten (60 %)	
	variable HK (40 %)	+ 0,48 €
	fixe HK (20 %)	+ 0,24 €
=	Selbstkosten	1,92 €
+	Gewinn (10 %)	+ 0,19 €
=	Verkaufspreis	2,11 €

Solange ein Artikel positive Deckungsbeiträge erzielt, sollte er im Sortiment bleiben.

Erläuterungen Definitionen

Die Deckungsbeitragsrechnung (DB) geht davon aus, dass in jedem Fall der Bezugspreis und die variablen Handlungskosten abgedeckt sein müssen:

DB = Verkaufspreis - Einstandspreis - variable HK
= 2,11 € - 1,20 € - 0,48 € = 0,43 €

kurzfristige Preisuntergrenze => Deckungsbeitrag = 0 €

In unserem Beispiel könnte man kurzfristig auch für den Preis von 1,68 € anbieten, um etwa einen Konkurrenten auszuschalten, weil man dann auf den Gewinn und die fixen HKs verzichtet.

→ku fri pu (1,68 €) = Verkaufspreis (2,11 €) - DB (0,43 €)

langfristige Preisuntergrenze => Selbstkosten

Wir können einen längeren Zeitraum ohne Gewinn arbeiten, also für 1,92 € anbieten, haben dann jedoch keine eigenen Mittel für die Finanzierung (z. B. Neugestaltung, Ausweitung, Gebäude, Konjunktureinbruch etc.) Diese langfristige Preisuntergrenze ist deshalb auch nur begrenzt anwendbar!

Kurzfristige Preisuntergrenze = Einstandspreis + variable Handlungskosten

Langfristige Preisuntergrenze = EP + HK_{VAR} + HK_{FIX}

Deckungsbeitrag negativ: Artikel raus → eliminieren

Einstufige Deckungsbeitragsrechnung

allgemeines Berechnungs-Schema:

Umsatzerlöse	*[netto, also ohne Rabatte o.ä.]* *[Menge x Stückerlöse]*
./. variable Einzelkosten	*[dem Produkt direkt zurechenbare Einzelkosten]*
= Deckungsbeitrag (DB)	*[wird genutzt, um die folgenden fixen Kosten abzudecken. Der DB muss unbedingt erwirtschaftet werden, bildet daher die kurzfristige Preisuntergrenze]*
./. fixe Kosten	*[(beschäftigungsunabhängig) etwa Abschreibungen, Zinsen, Pachten, Verwaltungskosten]*
= Betriebsergebnis	*[deckt alle Kosten ab und bildet bei einem Betriebsergebnis > 0 einen vorläufigen Gewinn]*

konkretes Beispiel:

Die DADA GmbH übernimmt für ihren Kunden, die hik OHG, die Zwischenlagerung aller Produkte. Die Kapazität des Lagers bietet 7.400 Paletten-Stellplätze.

Dafür werden der hik OHG 18,50 €/Stellplatz berechnet.

Zurzeit (Oktober) sind 6.888 Plätze belegt.

An Kosten für Oktober fallen an:
K_{fix} = 87.654 € und
$K_{var[1]}$ = belegte Plätze = 2,30 € und
$K_{var[2]}$ = nicht belegte Plätze = 0,60 €

Das Betriebsergebnis für Oktober soll ermittelt werden.

konkrete Rechnung:

Umsatzerlöse	
= 18,50 € x 6.888 =	127.428,00 €
./. $K_{var[1]}$ = 6.888 x 2,30 € =	15.842,40 €
./. $K_{var[2]}$ = 512 x 0,60 € =	307,20 €
= ***Deckungsbeitrag*** =	111.278,40 €
./. K_{fix} =	87.654,00 €
= ***Betriebsergebnis*** =	23.624,40 €

Schnellmerker:

Umsatzerlöse
./. K_{var} variable Kosten
= Deckungsbeitrag
./. K_{fix} fixe Kosten
= Betriebsergebnis

Gewinn- und Verlustrechnung

GuV vom 31.12.20xx

Soll *Beispiele*	Aufwendungen €	Erträge	Haben €
Aufwand	420.000	Erlöse	1.000.000
Löhne / Gehälter	240.000		
Zinsen für Fremdkapital	20.000		
andere betriebliche Aufw.	30.000		
Abschreibungen	40.000		
Gewinn	250.000		
	1.000.000		1.000.000

Aufgaben

Ermitteln Sie den Gewinn!

Gewinn = Umsatzerlöse - Aufwendungen
= 1.000.000 - 420.000 - 240.000 - 20.000 - 30.000 - 40.000 = 250.000

In manchen Fällen spricht man vom Reingewinn und vom Rohgewinn. Dies erklären die Definitionserfinder so:

***Rohgewinn** = Umsatzerlöse (netto) - Aufwand für Waren (netto) = 580.000 €*
***Reingewinn** = Umsatzerlöse (netto) - alle Aufwendungen (netto) = 250.000 €*

Wo liegt denn der Preis, den man als Untergrenze festsetzen dürfte?
Dieser Preis errechnet sich aus den Selbstkosten + Umsatzsteuer. Der Gewinn ist hier Null Prozent. Wenn alle Erlöse mit 25% Rabatt für den Kunden vereinbart würden, wäre der Gewinn = Null - aber man kann kurzfristig überleben. Für ein längeres Überleben benötigt man Gewinne, die Investitionen ermöglichen!

Ermitteln Sie die Umsatzrendite!

Umsatzerlöse → 100%
Gewinn → x%

x = Gewinn • 100 / Umsatzerlöse =
= 250.000 • 100 / 1.000.000 = 25% R_{Umsatz}

Produktivität-Wirtschaftlichkeit-Rentabilitäten

Ermitteln Sie anhand dieser Angaben die nachfolgenden Kennziffern:

		Gesamtkosten	930.000,00 €
		Fremdkapitalzinsen	8.000,00 €
Einsatzmenge	8.500 Arbeitsstunden	Eigenkapital	300.000,00 €
bearbeitete Handtuchhalter	250.000 Stück	Fremdkapital	100.000,00 €
Erlös pro bearbeitetem Handtuchhalter	12 €	Reingewinn	35.000,00 €

Formeln	Beispielrechnung
$\text{Produktivität} = \frac{\text{Output}}{\text{Input}} = \text{z.B. } \frac{\text{ProdMenge}}{\text{Arbeitsstunden}}$	P = 250.000/8.500 = 29,41
$\text{Wirtschaftlichkeit} = \frac{\text{Leistung}}{\text{Kosten}}$	W = L/K = 250.000 x 12 / 930.000 = 3,23
$\text{EK-Rentabilität [\%]} = \text{Unternehmer-R} = \frac{\text{Gewinn}}{\text{Eigenkapital}} \times 100$	R_{EK} = G/EK x 100 = 35.000/300.000 x 100 = 11,67 [%]
$\text{GK-Rentabilität [\%]} = \text{Unternehmungs-R} = \frac{\text{Gewinn + FKZinsen}}{\text{EK + FK}} \times 100$	R_{GK} = (G + FKZ)/(EK + FK) x 100 = (35.000 + 8.000) / (300.000 + 100.000) x 100 = 43.000 / 400.000 x 100 = 10,75 [%]
$\text{Umsatz-Rentabilität} = \frac{\text{Gewinn}}{\text{Umsatz}} \times 100$	R_{UMSATZ} = G/U x 100 = 35.000 / (12 x 250.000) x 100 = 35.000 / 3.000.000 x 100 = 1,17 [%]

Finanzierungsarten

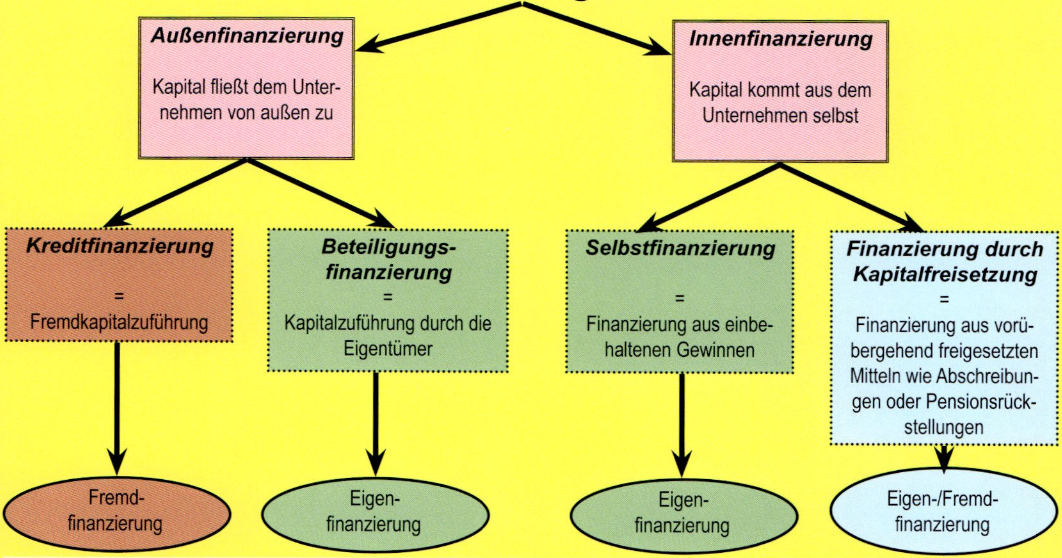

Einige andere (moderne) Finanzierungsarten:
Factoring (Forderungsverkauf) - Leasing (Mieten von Anlagen) - Franchising (Übernahme von Know-how und Marketing) - Sale-Lease-Back-Verfahren (Verkauf der Anlagen und gleichzeitiges Anmieten dieser Anlagen)

Kreditfinanzierung

Personalkredit

Bürgschaftskredit

Ausfallbürgschaft	selbstschuldnerische Bürgschaft
(Gedicht von Friedrich Schiller „Die Bürgschaft": Freund wird nur dann erhängt, wenn Schuldner nicht zurückkehrt - ausfällt)	*keine Einrede zur Vorausklage = Gläubiger kann auch direkt an den Bürgen herantreten*

Wechselkredite
- → Wechsel wird bei der Bank diskontiert
- → Bank akzeptiert Wechsel und kauft an
- → Bank bürgt für (guten) Kunden

Zession - Factoring:
Die Zession wird meist von Banken als Sicherheitsgrundlage gewählt und ist meist still wegen des Kundenrufs. Das Factoring ist offen und soll den Kunden von der lästigen Arbeit des Inkassos befreien.

Zessionskredit

Einzel-Zession
meist offen (Bausparkasse)

Mantel-Zession:
Teil-Summe an Forderungen wird still abgetreten

Global-Zession:
alle Forderungen werden still abgetreten

Das Factoring ähnelt diesem Verfahren, wenn unterstellt wird, dass alles offen gehandhabt wird

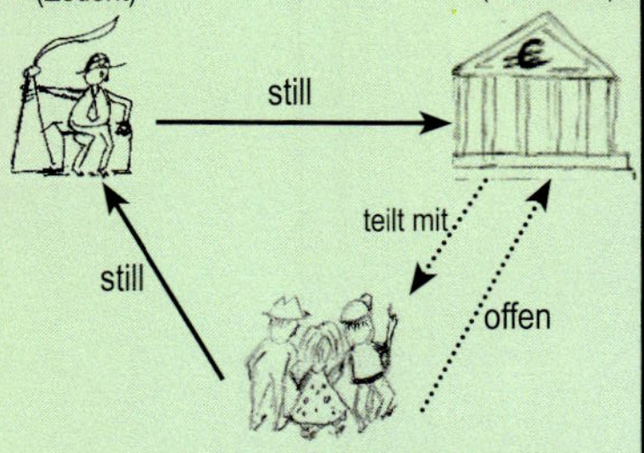

Realkredit

Verpfändung	Sicherungsübereignung
Im täglichen Industrie-Ablauf entbehrlich: Sachen und Rechte wie Wechsel, Wertpapiere, Edelmetall → ***Übergabe***	Maschinen, Anlagen, Fahrzeuge, schweres Gerät verbleiben beim Schuldner, damit er seine Produktion fortsetzen kann → ***Übereignung***
Besitzer = Gläubiger Eigentümer = Schuldner	Besitzer = Schuldner Eigentümer = Gläubiger

Grundpfandkredit - Pfandrecht an einer Immobilie. Dies erfolgt durch Eintragung ins Grundbuch nach Rängen. Im Schulfall wird erst der 1. Rang bedient, dann der 2. Rang u.s.w.

Rembourskredit - Beleihung von Verfügungspapieren wie z. B. Konnossemente (Seetransport)

Hypothek	Grundschuld
→ Es besteht eine persönliche Forderung. Auch der Schuldner haftet persönlich.	→ Es gibt nur eine dingliche, aber keine persönliche Haftung.

Skonto lohnt (fast) immer

Wir kaufen für 2.452,00 € ein Regalsystem. Wir können diesen Betrag innerhalb von 30 Tagen zahlen - oder unter Abzug von 3 % Skonto, wenn wir innerhalb von 10 Tagen bezahlen. Ein dafür notwendiger Kredit kostet 12 % Zinsen.

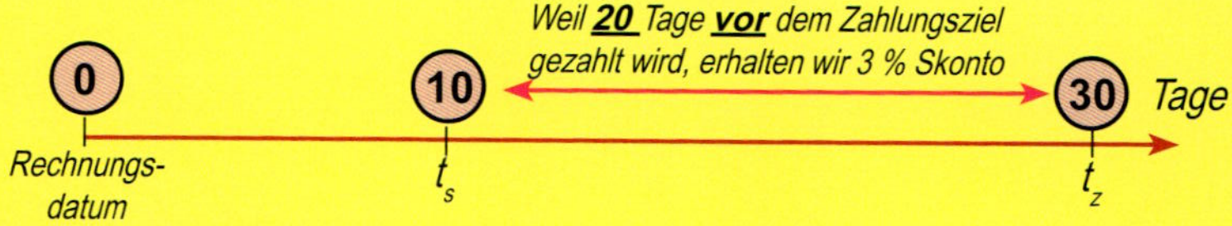

1. Wir zahlen nach 30 Tagen: 2.452,00 €.
2. Wir zahlen nach 10 Tagen: 2.452,00 € - 3 % Skonto (73,56) = 2.378,44 €
3. Wir erhalten für 20 Tage (t_z - t_s = 30 - 10) 3 % Nachlass. Auf ein kaufmännisches Jahr (360 Tage) bezogen, ergibt sich:

für 20 Tage → 3%
für 360 Tage → x%

$$x = \frac{360 \cdot 3}{20} = 54[\%]$$

(reicht für einen einfachen Überschlag)

4. Da diese Verzinsung sich auf 2.452,00 € bezieht, wir jedoch nur 97 % (100 % - 3 % Skonto) gezahlt haben, müssen wir rechnen:

$$x = \frac{360 \cdot 3}{20} \cdot \frac{100}{97} = 55{,}67[\%]$$

oder allgemein:

$$Zins(effektiv) = \frac{Skonto\% \cdot 360 \cdot 100}{(t_z - t_s) \cdot (100 - Skonto\%)}$$

5. Die 55,67 % sind besser als die 12 % Kreditzinsen!

$$z = \frac{K \cdot t \cdot p}{100 \cdot 360} = \frac{2.378{,}44 \cdot 20 \cdot 12}{100 \cdot 360} = 15{,}86 \; Euro \; Kreditzinsen$$

6. Unser Vorteil: Skonto (73,56 €) - Kreditzinsen (15,86 €) = 57,70 €

Ermittlung des Angebotpreises

mit Kundenskonto und/oder Kundenrabatt

Kalk-Faktor = BVP/BP = 1,90515 | Kalk-Zuschlag = (KF - 1)*100 = 90,515%

Handelspanne = (NVP - BP) / NVP *100 = (320,19 - 200) / 320,19 * 100 = 37,54%

Berechnung des Verkaufspreises

BeHa, SelGe, BaSko, ZiRa Lis Um Brut

Bezeichnung	Prozent	Euro
Bezugspreis		200,00
+ Handlungskosten	(1) 20	+ 40,00
= Selbstkostenpreis		240,00
+ Gewinnzuschlag	(2) 10	+ 24,00
= (Netto) Bar-Verkaufspreis		264,00
+ Kundenskonto (im Hundert)	(3) 3	8,16
= Ziel-Verkaufspreis		272,16
+ Kundenrabatt (im Hundert)	(4) 15	48,03
= (Netto)Listen-Verkaufspreis		320,19
+ Umsatzsteuer	(5) 19	+ 60,84
= Brutto-Listen-Verkaufspreis		381,03

Berechnungen

Sobald Kalkulationen den Kunden erreichen (Skonto, Rabatt), müssen Sie beachten, dass der Kunde „von hinten" rechnet, in unserem Beispiel zieht er seine 15% einfach vom Listenverkaufspreis ab. Also müssen wir schlauerweise beim Zielverkaufspreis schon von 85% ausgehen. Man nennt das „im-Hundert-Rechnung".

(1)
100% ↔ 200,00 €
20% ↔ x €
x = 20 · 200 : 100 = 40

(2)
100% ↔ 240,00 €
10% ↔ x €
x = 10 · 240 : 100 = 24

(3)
97% ↔ 264,00 €
3% ↔ x €
x = 3 · 264 : 97 = 8,16

(4)
85% ↔ 272,16 €
15% ↔ x €
x = 15 · 272,16 : 85 = 48,03

(5)
100% ↔ 320,19 €
19% ↔ x €
x = 19 · 320,19 : 100 = 60,84

Verkürzte Ermittlung des Angebotpreises

ohne Kundenskonto oder Kundenrabatt

Kalkulationsfaktor

Manchmal muss man schnell ausrechnen, wie hoch der Verkaufspreis sein wird, wenn man nur den Bezugspreis (Einkaufspreis) weiß. Da wir annehmen, dass die Handlungskosten (22%), Gewinnzuschlag (11%) und Steuer (19%) immer gleich bleiben, müsste ich die 300 € (BP) mit 1,6115 multiplizieren, um auf den **Brutto**-Verkaufspreis (BVP) zu kommen.
Dieser Faktor ergibt sich so:

$$KalkulationsFaktor = KF = \frac{BVP}{BP} = \frac{483{,}45}{300} = 1{,}6115$$

Kalkulationszuschlag

Das ist der Zuschlag, den man auf den Bezugspreis aufschlägt, um auf den **Brutto**-Verkaufspreis zu kommen. Der Zuschlag ist einfach zu errechnen:

$$Kalkulationszuschlag = KZu = (KF - 1) \bullet 100 = 61{,}15\%$$

$$BVP = BP(300) + 61{,}15\% \text{ von } 300\ (183{,}45) = 483{,}45 \text{ Euro}$$

Kalkulation

schwarze Zahlen = Vorgabe

rote Zahlen = Berechnung

Bezeichnung	%	Euro
Bezugspreis	BP	300,00
+ Handlungskosten	22	66,00
= Selbstkostenpreis		366,00
+ Gewinnzuschlag	11	40,26
= Netto-Verkaufspreis	NVP	406,26
+ Umsatzsteuer	19	77,19
= Brutto-Verkaufspreis	BVP	483,45

Kurzkalkulation: BP·1,22=SK·1,11=NVP·1,19=BVP

Kurzkalkulation: BVP:1,19=NVP:1,11=SK:1,22=BP

Handelsspanne

Wir wissen unseren möglichen Verkaufspreis. Um schnell zu erfahren, wie hoch der Bezugspreis für unsere Ware sein darf, rechnen wir vom **Netto**-Verkaufspreis auf den Bezugspreis mit nur einem Prozentsatz zurück:

$$Handelsspanne = \frac{NVP - BP}{NVP} \bullet 100 = \frac{406{,}26 - 300}{406{,}26} \bullet 100 = 26{,}16\%$$

$$BP = NVP \bullet \frac{100 - HS}{100} = 406{,}26 \bullet \frac{100 - 26{,}16}{100} = 299{,}98 \approx 300$$

Kalkulationsabschlag

Wie bei der Handelsspanne wird auch hier zurückgerechnet, jetzt allerdings vom **Brutto**-Verkaufspreis auf den Bezugspreis.

$$Kalkulationsabschlag = \frac{BVP - BP}{BVP} \bullet 100 = \frac{483{,}45 - 300}{483{,}45} \bullet 100 = 37{,}946\%$$

$$BP = BVP \bullet \frac{100 - Kalkulationsabschlag}{100} = 483{,}45 \bullet \frac{100 - 37{,}946}{100} = 300$$

Inventur + Inventar (= Bestandsverzeichnis)

Inventur: körperliche oder buchmäßige Bestandsaufnahme aller Vermögensgegenstände und Schulden eines Unternehmens

Stichtags- und verlegte Inventur	permanente Inventur	Stichproben-Inventur	Inventar
Bestandsaufnahme durch Zählen, Messen, Wiegen Am Bilanz-Stichtag (± 10 Tage) werden alle Bestände des Betriebs körperlich aufgenommen. *Bei der verlegten Inventur kann ein Tag in den letzten drei Monaten vor oder zwei Monaten nach dem Bilanzstichtag gewählt werden.* *Vorteile: Genauigkeit am Tag der Bestandsaufnahme, Differenzen zwischen Inventur und Bilanzstichtag werden wertmäßig, aber nicht mengenmäßig erfasst oder ausgeglichen.* Nachteile: Arbeitsüberhäufung, Betriebsunterbrechung, Umsatzverlust und Durchführung der Inventur mit teilweise ungeschulten Kräften (Aushilfen, Studenten, Schüler).	*Datenerfassung bei Ein- und Abgängen* Im Gegensatz zur Stichtagsinventur werden die Bestände nicht an einem bestimmten Stichtag körperlich aufgenommen, sondern „laufend" während des ganzen Geschäftsjahres. Am Bilanzstichtag werden die Bestände aus der buchmäßigen Bestandsfortschreibung in das Inventar übernommen. *Vorteile: keine Unterbrechung des Geschäftsbetriebes, sachkundiges Personal, ständiger Überblick.* Nachteile: Lagerbuchhaltung notwendig und einmal im Jahr Soll-Ist-Vergleich (= körperliche Bestandsaufnahme) machen!	*Voraussetzung: Genehmigung durchs Finanzamt* Wenn 20 % aller Zählgegenstände bereits 80 % des Wertes ausmachen, mehr als 1.000 Positionen im Lager vorhanden sind und die Lagerbuchhaltung elektronisch ist, können aus den nicht so werthaltigen Positionen Stichproben entnommen werden, die nach statistischen Methoden hochgerechnet werden. **Buchinventur** Die Buchinventur erstreckt sich auf alle nicht körperlichen Gegenstände z. B: - Forderungen - Bankguthaben - alle Arten von Schulden	Das Inventar ist das ausführliche Bestandsverzeichnis aller Vermögensteile und Schulden eines Unternehmens zu einem bestimmten Stichtag nach deren Art, Menge und Wert. Das Inventar besteht aus drei Teilen: 1. Vermögen 2. Schulden (= Fremdkapital) 3. Eigenkapital *dabei gilt:* Summe des Vermögens - Summe der Schulden (FK) = Eigenkapital (EK)

Stichworte

Bilanz- (Rechnungs-) Aufbewahrungsfristen	8 Jahre zum Jahresende: Buchungsbelege (z. B. Rechnungen, Kostenbelege); Bsp: Rechnung 17.02.25 - Ende 31.12.33 10 Jahre zum Jahresende: Inventare, Bilanzen, Jahresabschlüsse
[A]nschaffungskosten	= [A]-Preis + [A]-Nebenkosten (z.B. Fracht, Aufbau, Montage, Zölle, Erschließung, Notar...) - [A]-Preisminderungen (z.B. Rabatte, Skonti, Boni)
[A]Bilanzwert Grundstück	= Grundstück + Grundsteuer + Notar + Grundbucheintragung
Mahnbescheid (KURZform) gerichtliches Mahnverfahren *wann auch immer der (S) zahlt, ist der Weg beendet*	(G)läubiger → Gericht → Mahnbescheid → an (S)chuldner → kein Widerspruch/keine Zahlung → (G) über Gericht → Vollstreckungsbescheid an (S) → (S) zahlt nicht/kein Widerspruch → (G) über Gericht → Zwangsvollstreckung → erfolglos → Unpfändbarkeitserklärung → (G) erwirkt bei Gericht → Eidesstattliche Versicherung des (S)
BAB warum?	...um die Gemeinkosten verursachungsgerecht den Bereichen der Entstehung zurechnen zu können
goldene Bilanzregel	Die goldene Bilanzregel besagt, dass das langfristige Vermögen langfristig finanziert sein soll. Kurzfristiges Vermögen (Umlaufvermögen) wird auch kurzfristig finanziert. Ziel: GBR = Eigenkapital/Anlagevermögen > 1 *[auch: $(EK + FK_{lang})/AV > 1$] oder [auch: $(EK + FK_{lang})/(AV + Vorräte) > 1$]*
strengstes Niederstwertprinzip	Von drei möglichen Wertansätzen (1) Anschaffungs- bzw. Herstellungskosten, (2) Börsen- oder Marktpreis oder dem (3) Abschlussstichtag-Wert ist bei den Vermögensgegenständen des Umlaufvermögens stets der niedrigste Wert anzusetzen.
Höchstwertprinzip	Während das Niederstwertprinzip beim Vermögen anzuwenden ist, gilt für Schuldwerte das Höchstwertprinzip. Es ist der höchste Negativ-Wert in der Bilanz auszuweisen.

Stichworte

Betriebsergebnis neutrales Ergebnis Gesamtergebnis	= Leistung minus Kosten = Gesamtergebnis - Betriebsergebnis = Einnahmen - Ausgaben
Annuitätenkredit K_0 = 5.000 € ; p = 7%; n = 10	Die vereinbarte (monatliche) Rate bleibt für den Kreditnehmer immer gleich. A = Zins + Tilgung Annuität: $A = K_o \frac{q^n(q-1)}{q^n - 1}$ $A = \frac{5.000*1{,}07^{10}*0{,}07}{1{,}07^{10} - 1}$ = 711,89 p.a.
eigene	

Eigene Ergänzungen

Eigene Ergänzungen

Stichworte nach Alphabet

Stichworte nach Alphabet

Stichworte nach Alphabet

Stichworte nach Alphabet

Stichworte nach Alphabet

Eigene Stichworte

Eigene Stichworte

Eigene Stichworte